L'ART DU TAILLEUR,

OU

Application de la Géométrie

A LA COUPE DE L'HABILLEMENT;

Ouvrage

PRÉCÉDÉ D'UN COURS ÉLÉMENTAIRE DE GÉOMÉTRIE MIS A LA PORTÉE DE TOUT LE MONDE;

ET ACCOMPAGNÉ

DE 120 FIGURES GÉOMÉTRIQUES ET DE 70 MODÈLES D'HABILLEMENT,

FORMANT ENSEMBLE 36 PLANCHES;

Par M. Compaing.

(Tous les Modèles d'Habillemens sont faits sur la même Échelle que les Gravures de Modes du *Petit Courrier des Dames*.)

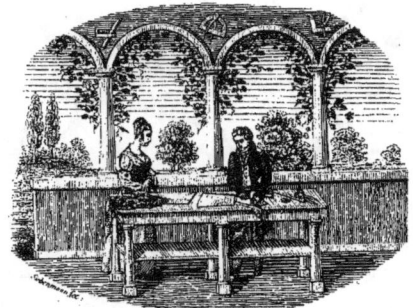

PARIS,

DONDEY-DUPRÉ PÈRE ET FILS, IMP.-LIB.,

RUE RICHELIEU, N° 47 *bis*, ET RUE SAINT-LOUIS, N° 46, AU MARAIS.

1828.

60

L'ART DU TAILLEUR,

ou

APPLICATION DE LA GÉOMÉTRIE

A LA COUPE DE L'HABILLEMENT.

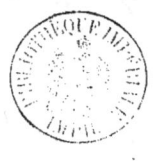

8914

V1903.
7.

11124

L'ART DU TAILLEUR,

ou

APPLICATION DE LA GÉOMÉTRIE

A LA COUPE DE L'HABILLEMENT;

OUVRAGE

PRÉCÉDÉ D'UN COURS ÉLÉMENTAIRE DE GÉOMÉTRIE MIS A LA PORTÉE DE TOUT LE MONDE;

ET ACCOMPAGNÉ

DE 120 FIGURES GÉOMÉTRIQUES ET DE 70 MODÈLES D'HABILLEMENS,

FORMANT ENSEMBLE 36 PLANCHES.

Par M. Compaing.

(Tous les Modèles d'Habillemens sont faits sur la même échelle que les Gravures de Modes du *Petit Courrier des Dames*.)

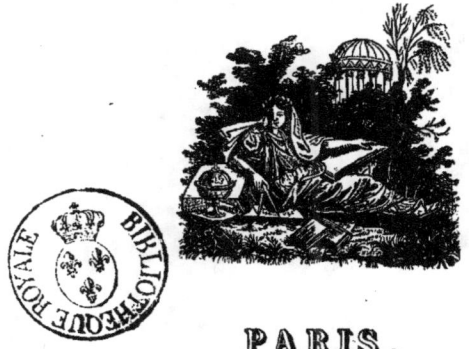

PARIS,

DONDEY-DUPRÉ PÈRE ET FILS, IMP.-LIB.,

RUE RICHELIEU, N° 47 *bis*, ET RUE SAINT-LOUIS, N° 46, AU MARAIS.

1828.

IMPRIMERIE DE DONDEY-DUPRÉ,
RUE SAINT-LOUIS, Nº 46, AU MARAIS.

INTRODUCTION.

Excité depuis long-tems par l'exemple de plusieurs artistes distingués qui, depuis quelques années, se sont appliqués à soumettre
plusieurs branches de l'industrie française aux règles de la géométrie,
nous avons essayé d'appliquer la géométrie à la coupe de l'habillement,
et nous avons été encouragés à continuer cet ouvrage, en voyant que
les professeurs de mathématiques les plus célèbres n'ont pas jugé l'art
de se vêtir indigne d'être placé parmi les arts les plus distingués.
Parmi ces professeurs, nous citerons ici M. le baron Charles Dupin et
M. Adhemar, dont les cours sont d'une grande utilité à beaucoup
d'artistes.

Pour traiter complètement l'Art du Tailleur, il faudrait remonter
aux tems les plus reculés, recueillir les costumes de tous les tems et
de tous les pays ; et c'est dans un ouvrage de cette nature que nous
pourrions recueillir des modèles, soit pour des ouvrages de modes,
des costumes de cour ou de théâtre.

Nous n'avons pour termes de comparaison qu'un livre sur l'Art du
Tailleur, traité dans le *Dictionnaire des Arts et Métiers*, par M. de
Garsault. Cet ouvrage est de 1769 ; il n'a jamais été très-utile, et, en
effet, il ne pouvait guère en être autrement, car l'auteur nous a pré-
senté cet art dans l'état où il était lorsqu'il recueillit ses documens.

En résumé, M. de Garsault se borne à dire que l'Art du Tailleur
consiste à préserver le corps humain des injures de l'air, envelopper
son modèle animé de façon qu'il puisse se mouvoir dans son enveloppe (ou vêtement) sans gêne et sans contrainte ; enfin, le décorer

suivant son degré d'aisance ou de dignité, et que son ouvrage forme un ensemble agréable aux yeux.

D'après M. de Garsault, toute la manufacture du tailleur peut se définir en trois mots : tracer, couper et coudre. On trouve aussi dans son ouvrage la description des divers outils, et les diverses manières de coudre.

L'auteur a recueilli les élémens de cet art, sans examiner s'il était susceptible d'améliorations, et sans paraître même croire ces améliorations possibles : de grands changemens se sont opérés dans la coupe des vêtemens depuis l'époque où écrivait M. de Garsault. Nous voyons chaque jour des vêtemens qui sont taillés dans une grande perfection, et cependant sans aucuns principes ; mais aussi, pour arriver là, que de peine il en a coûté à l'ouvrier ! et pourtant il lui serait impossible de démontrer son mode d'opérer à un de ses élèves ; en deux mots, nous voudrions que l'Art du Tailleur pût être démontré en termes positifs.

Les bases de cet art reposent en partie sur le coup-d'œil et le goût, et néanmoins les principes de géométrie, applicables à la sculpture et à la peinture, le sont aussi à l'art qui nous occupe ; car, dans cet ouvrage, comme le peintre et le sculpteur, le tailleur doit, avec ses mesures, dresser le plan du vêtement qu'il veut tracer, le réduire dans des proportions différentes, et savoir, d'un coup-d'œil, définir les dimensions des personnes qu'il doit habiller : le tailleur est assujéti à une foule d'inconvéniens qui existent dans sa profession, tels que les changemens de modes, les caprices des individus, les disproportions ou les difformités, la souplesse des étoffes employées à la confection des vêtemens. Ces inconvéniens sont cause que les dimensions que l'on peut établir ne sont pas applicables à toutes les tailles ; néanmoins ils disparaîtraient en partie par le moyen des gravures de modes, surtout si elles étaient accompagnées des dessins (ou patrons) de la forme de l'habillement que la gravure représente; ces gravures indiqueraient constamment les changemens survenus dans les modes.

Ainsi, concluons que, l'Art du Tailleur n'ayant jamais été réduit en principes, et n'ayant par conséquent pas de termes suffisans, pour définir ses dimensions, nous sommes obligé de donner un cours de géométrie fait exprès pour cette partie. D'après ce cours de géométrie, il nous sera aisé de démontrer les propositions que nous avancerons; le but de notre ouvrage étant d'établir une théorie et de donner au lecteur des moyens de tracer lui-même, par principes, un ouvrage dans lequel il n'avait d'autre guide que la routine des anciens tailleurs. Nous avons voulu aussi donner une idée de l'Art du Tailleur aux personnes qui aiment à s'occuper de la coupe des vêtemens, et qui souvent ont autant de données, à cet égard, que les ouvriers qu'elles emploient.

Ainsi, notre ouvrage se composera d'un cours élémentaire de géométrie, contenant la définition des plans ou surfaces, et la définition des solides nommés *corps*.

La démonstration en est faite sans le secours de l'algèbre; nous ne proposons aucuns problèmes; et nous ne prenons que la géométrie définie.

La deuxième partie contient l'application de la géométrie à la coupe de l'habillement.

Nous établissons en principe que la mesure d'un homme doit servir de base pour définir les dimensions de la coupe de l'habillement.

Nous proposons pour modèle un homme d'une grandeur de cinq pieds quatre pouces (modèle du *Petit Courrier des Dames*).

Nous réduisons en principes de géométrie toutes espèces d'habillemens faits pour cette taille, en se servant pour tracer du demi-cercle et du pied de roi.

Nous proposons, pour avoir des mesures ou échelles proportionnées pour plusieurs tailles, de réduire le pied de roi à l'échelle de proportion ; ainsi, ayant des pieds proportionnés pour plusieurs tailles, il ne reste alors qu'à prendre le pied de la taille que l'on veut tracer.

Par exemple, le pied d'une taille de cinq pieds ne vaudra que onze pouces et quatre lignes ; alors les mesures seront en proportion d'égalité avec les tailles, et toutes les tailles auront en conséquence cinq pieds quatre pouces. Le même principe est applicable à la coupe des vêtemens de dames et d'enfans ; seulement, la base de proportion pour les vêtemens de dames est une taille de cinq pieds, et la base de proportion pour les vêtemens d'enfans est une taille de trois pieds et demi.

L'instrument que nous adoptons est une équerre de proportion (ou fausse équerre). Cet instrument est fait pour servir d'équerre, de demi-cercle, de pied de roi et d'échelle de proportion ; il suffit seul pour définir les dimensions et les proportions nécessaires pour notre partie.

Dans cet ouvrage, nous définirons aussi les changemens à faire pour les tailles disproportionnées ou les changemens de modes, etc.

Comme, dans l'habillement, la mode est le premier guide, et que les dimensions des vêtemens sont sujettes à plusieurs changemens, nous proposons, pour suivre constamment la progression des modes, de mettre à côté des gravures les dessins (ou patrons) de la forme des vêtemens que la gravure représente ; ces gravures pourraient paraître quatre fois par an, en forme de supplément au *Journal des modes*, et feraient suite à l'*Application de la géométrie à la coupe de l'habillement*.

Pour terminer cette introduction, nous dirons que la géométrie est applicable à la coupe de toute espèce d'habillemens, tels que costumes civils, militaires, ecclésiastiques, de cour, de magistrats, habillemens de chasse, costumes de théâtre, de livrées, etc., et les costumes de dames et d'enfans.

COURS ÉLÉMENTAIRE

DE GÉOMÉTRIE

A L'USAGE DE LA COUPE DE L'HABILLEMENT.

L<small>A</small> G<small>ÉOMÉTRIE</small> est l'art de mesurer l'étendue et les dimensions d'un lieu ou d'un objet quelconque.

Ainsi, l'étendue et les dimensions d'un habit ou de tout autre vêtement peuvent être définies par la Géométrie.

PLANCHE PREMIÈRE.

FIGURE PREMIÈRE.

DÉFINITION DES POINTS, DES LIGNES, ET DE LEURS PROPRIÉTÉS.

Le point est le lieu où commence et finit une ligne, ou bien il sert à la diviser.

La ligne est une longueur sans autres dimensions.

La ligne droite est la plus courte qui puisse être menée d'un point à un autre.

FIGURE 2.

La ligne courbe peut aller d'un point à un autre par plusieurs points.

FIGURE 3.

Deux lignes droites sont parallèles, lorsqu'elles s'accompagnent en étant toujours à la même distance l'une de l'autre.

FIGURE 4.

La ligne circulaire ou le cercle est une ligne qui commence et finit à un même point, étant toujours à la même distance du point du milieu, qui en est le centre.

Le cercle se divise en trois cent soixante parties appelées degrés ; un degré se divise en soixante minutes, une minute en soixante secondes, une seconde en soixante tierces, etc.

FIGURE 5.

Toute ligne droite traversant le cercle et passant par le centre est nommée diamètre, et une ligne droite, venant de la circonférence et aboutissant au centre, est nommée rayon ou secteur. Le diamètre peut être considéré comme étant le tiers de la circonférence du cercle.

FIGURE 6.

Une ligne droite, coupant le cercle en deux parties inégales, est nommée sécante ; une ligne droite, touchant le dehors d'un cercle à un seul point, est nommée tangente.

FIGURE 7.

Le rayon ou secteur sert à démontrer les dimensions géométriques ou sphériques ; ces dimensions sont l'horizon, le talus et la verticale.

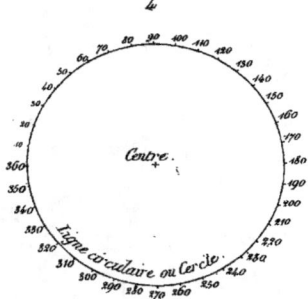

4.

Centre.

Ligne circulaire ou Cercle.

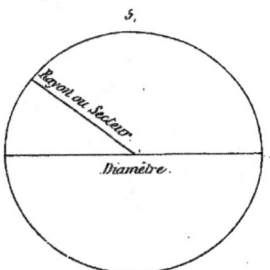

5.

Rayon ou Secteur.

Diamètre.

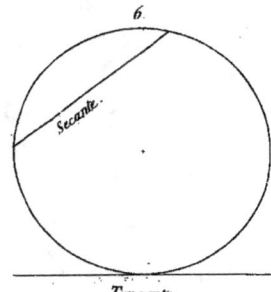

6.

Secante.

Tangente.

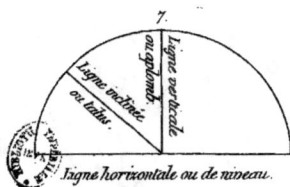

7.

Ligne verticale ou aplomb.

Ligne inclinée ou talus.

Ligne horizontale ou de niveau.

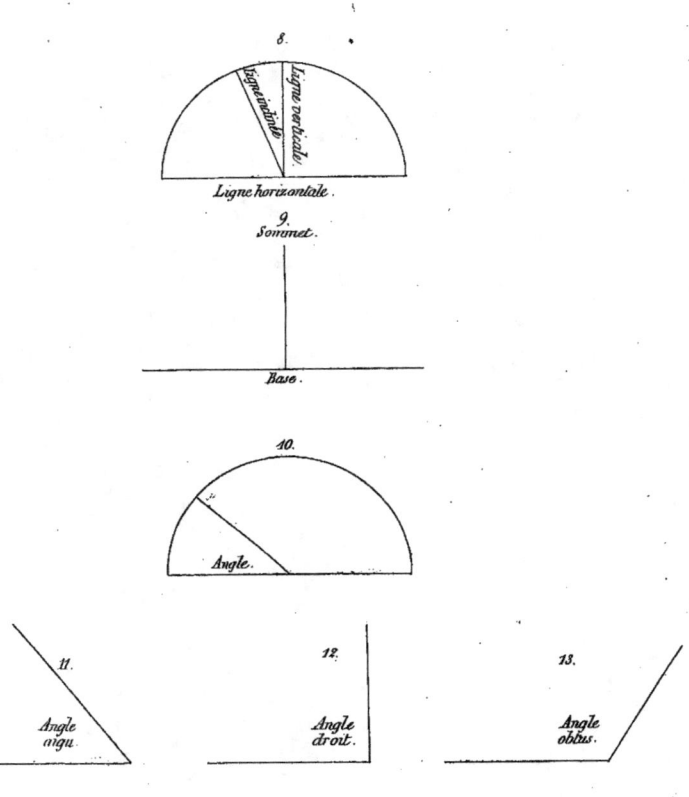

8.

Ligne verticale.

Ligne inclinée

Ligne horizontale.

9.
Sommet.

Base.

10.

Angle.

11.

Angle
aigu.

12.

Angle
droit.

13.

Angle
obtus.

14.

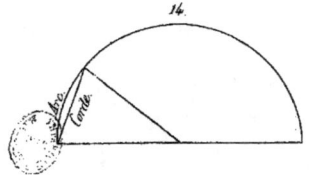

Corde.

PLANCHE TROISIÈME.

FIGURE 8.

La ligne horizontale ou de niveau, est couchée, telle que le dessus d'une eau calme.

La ligne inclinée, ou le talus, est penchée, telle qu'une montagne; elle peut parcourir une infinité de points, sans cependant qu'elle puisse devenir horizontale, ni verticale.

La ligne verticale ou aplomb, est élevée droite, tel qu'un mât.

FIGURE 9.

L'extrémité d'une ligne verticale est nommée sommet, et le point de jonction d'une ligne verticale avec une ligne horizontale est nommé base.

FIGURE 10.

Un rayon, ou secteur, parcourant une partie de cercle, forme toujours avec le demi-diamètre une ligne brisée qui se nomme angle.

FIGURES 11, 12 ET 13.

Un angle est aigu, droit ou obtus.

FIGURE 14.

La ligne courbe, indiquant la valeur des angles, est nommée arc.

Et la ligne droite, menée d'une extrémité à l'autre de cette ligne courbe, est nommée corde, ou sécante.

PLANCHE QUATRIÈME.

FIGURE 15.

Le dedans d'un angle est nommé rentrant, et le dehors est nommé saillant; les angles ont plusieurs dénominations suivant la forme de leur ligne.

FIGURE 16.

L'angle rectiligne est formé de deux lignes droites.

FIGURE 17.

L'angle mixtiligne est formé par une ligne droite et une ligne courbe.

FIGURE 18.

L'angle curviligne est formé par deux lignes courbes.

DESCRIPTION DES PLANS OU SURFACES.

Le ... ns ou surfaces sont formés par des points et des lignes : on nomm... ... gone un plan ou une surface formé de plusieurs lignes qui se jo... ent ensemble.

FIGURE 19.

Le premier plan ou surface est un polygone triangulaire : ce même polygone, par la variation ou la multiplicité de ses angles, présente tous les plans imaginables; ainsi le triangle est le premier polygone.

On distingue plusieurs sortes de triangles.

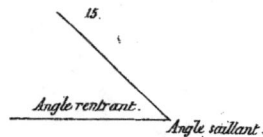

15.

Angle rentrant.   Angle saillant.

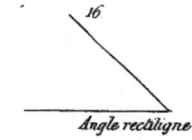

16.

Angle rectiligne.

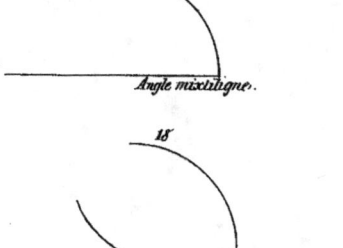

17.

Angle mixtiligne.

18.

Angle curviligne.

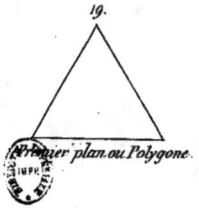

19.

Premier plan ou Polygone.

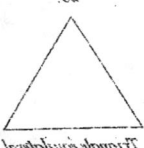

20.
Triangle équilatéral

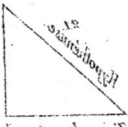

21.
Hypothénuse.
Triangle rectangle

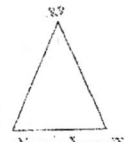

22.
Triangle isocèle

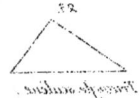

23.
Triangle scalène.

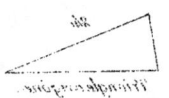

24.
Triangle rectangle

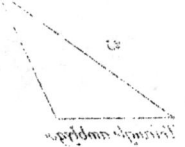

25.
Triangle ambigu

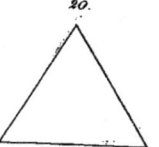

Planche 5.

20.

Triangle équilateral.

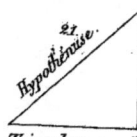

21.

Hypothénuse

Triangle rectangle.

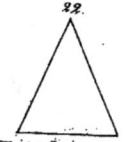

22.

Triangle isocèle.

23.

Triangle scalène.

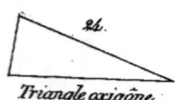

24.

Triangle oxigône.

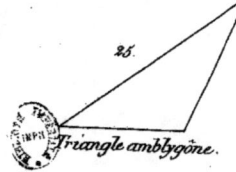

25.

Triangle amblygône.

PLANCHE CINQUIÈME.

FIGURE 20.

Le triangle équilatéral a ses trois côtés égaux.

FIGURE 21.

Le triangle rectangle a un angle droit et les deux autres aigus : le côté opposé à l'angle droit est nommé hypothénuse.

FIGURE 22.

Le triangle isocèle a deux côtés égaux et ses trois angles aigus.

FIGURE 23.

Le triangle scalène a ses trois côtés inégaux.

FIGURE 24.

Un triangle dont les trois angles sont aigus et inégaux s'appelle oxygone.

FIGURE 25.

Un triangle qui a un angle obtus est nommé amblygone.

PLANCHE SIXIÈME.

FIGURE 26.

L'aire ou la surface d'un triangle, dont les côtés sont moitié d'un autre, est le quart de sa surface.

FIGURES 27 ET 28.

Deux triangles sont semblables lorsque leurs angles ont la même quantité de degrés, sans égard à la longueur de leurs côtés.

FIGURES 29 ET 30.

Deux triangles sont dissemblables lorsque leurs angles n'ont pas une même quantité de degrés. La même définition s'applique à toutes les figures.

FIGURE 31.

Le second polygone est le carré ; le carré a ses quatre angles droits et ses quatre côtés égaux : la diagonale coupe le carré en deux triangles rectangles.

FIGURE 32.

On nomme quadrilatère un plan formé de quatre lignes inégales.

FIGURE 33.

La surface d'un carré, dont un des côtés est égal à la diagonale d'un autre, est le double de sa grandeur.

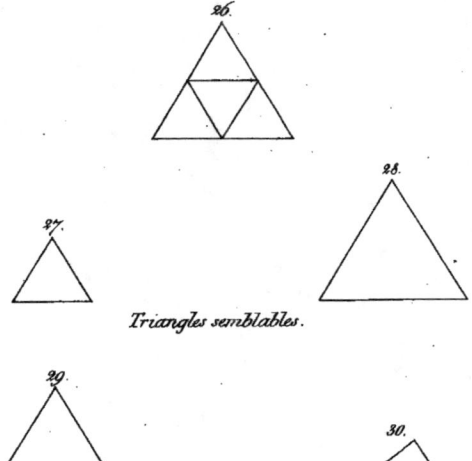

26.

27.   28.

Triangles semblables.

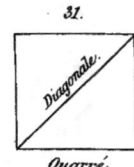

29.   30.

Triangles dissemblables.

31.

Diagonale.

Quarré.

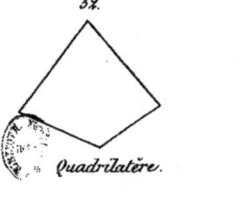

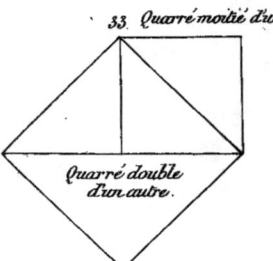

32.   33. *Quarré moitié d'un autre.*

Quadrilatère.   *Quarré double d'un autre.*

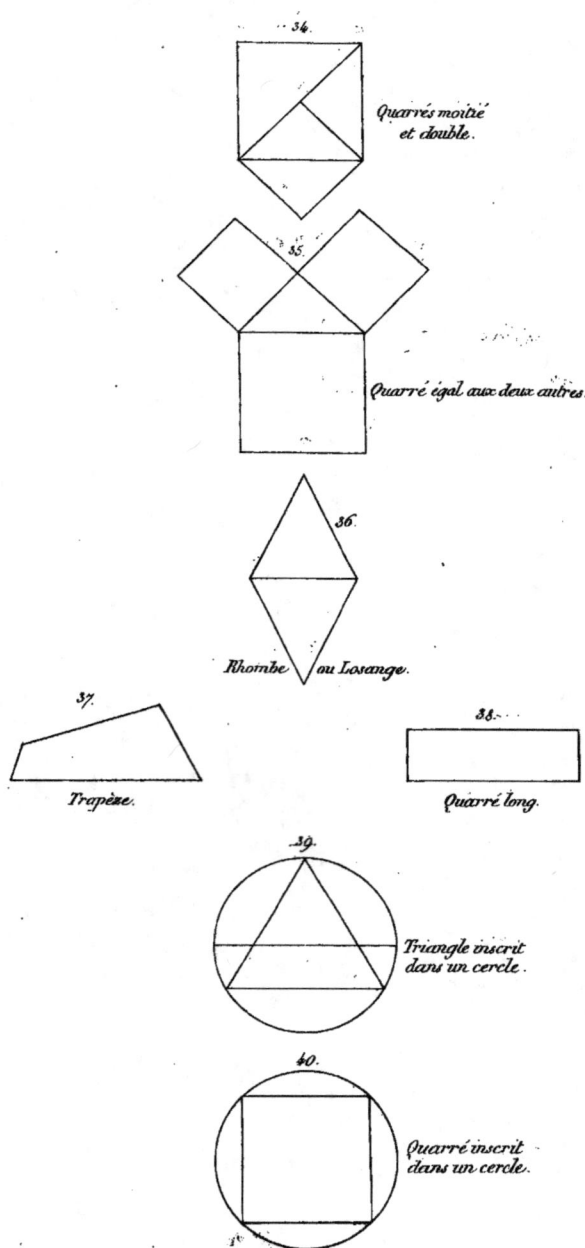

34.

Quarrés moitié
et double.

35.

Quarré égal aux deux autres.

36.

Rhombe ou Losange.

37.

Trapèze.

38.

Quarré long.

39.

Triangle inscrit
dans un cercle.

40.

Quarré inscrit
dans un cercle.

PLANCHE SEPTIÈME.

FIGURE 34.

La surface d'un carré dont la diagonale est moitié d'un autre, est aussi la moitié de sa surface.

FIGURE 35.

Les côtés d'un triangle rectangle étant proposés pour être les côtés de trois carrés, le plus grand de ces trois carrés sera toujours égal aux deux autres.

On distingue plusieurs sortes de polygones quadrangulaires.

FIGURE 36.

Le rhombe ou losange a les deux angles opposés obtus et les deux autres aigus, et ses quatre côtés sont égaux.

FIGURE 37.

Le trapèze a deux angles obtus, deux aigus, et ses quatre côtés ne sont ni égaux ni parallèles.

FIGURE 38.

Le rectangle ou carré long a ses quatre angles droits, et ses deux côtés opposés sont toujours parallèles.

FIGURE 39.

Le polygone, formé de trois côtés, est nommé triangle, et son angle vaut soixante degrés.

FIGURE 40.

Le polygone, formé de quatre côtés, est nommé carré; son angle est de quatre-vingt-dix degrés.

PLANCHE HUITIÈME.

FIGURE 41.

Le polygone, formé de cinq côtés, est nommé pentagone ; son angle est de cent-huit degrés.

FIGURE 42.

Le polygone, formé de six côtés, est nommé hexagone ; son angle est de cent-vingt degrés.

FIGURE 43.

Le polygone, formé de sept côtés, est nommé heptagone ; son angle est de cent-trente degrés.

FIGURE 44.

Le polygone, formé de huit côtés, est nommé octogone ; son angle est de cent-trente-cinq degrés.

FIGURE 45.

Le polygone, formé de neuf côtés, est nommé ennéagone ; son angle est de cent-quarante degrés.

FIGURE 46.

Le polygone, formé de dix côtés, est nommé décagone ; son angle est de cent-quarante-quatre degrés.

FIGURE 47.

Le polygone, formé de onze côtés, est nommé ondécagone ; son angle est de cent-quarante-sept degrés.

FIGURE 48.

Le polygone, formé de douze côtés, est nommé dodécagone ; son angle est de cent-cinquante degrés.

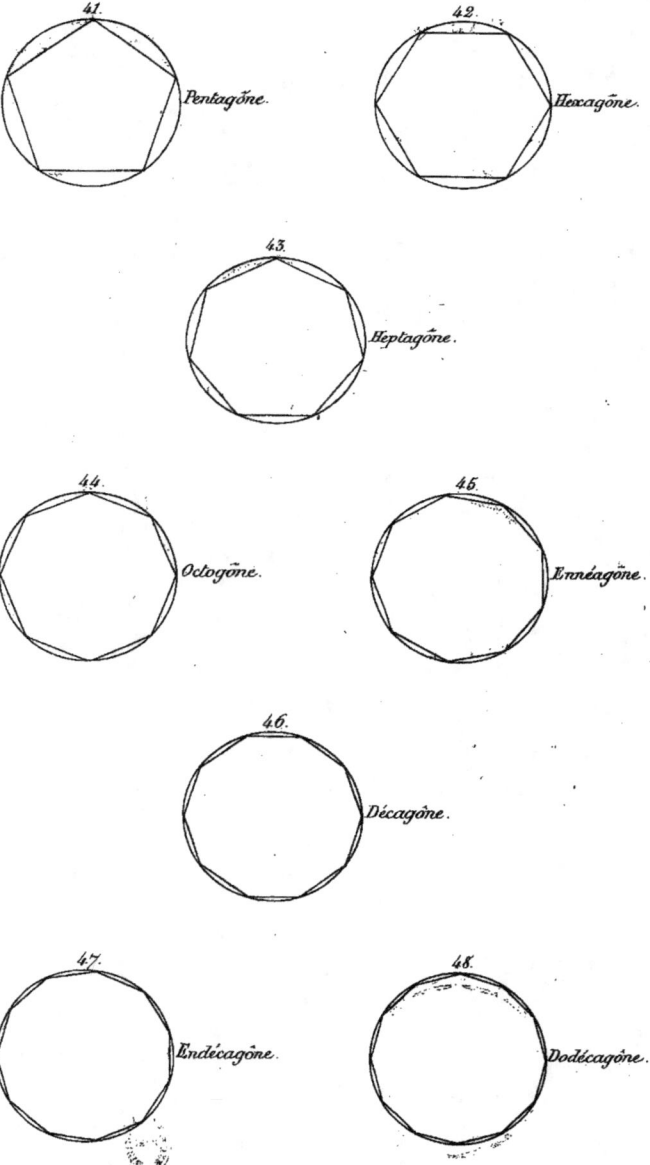

Planche 8.

41. Pentagône.
42. Hexagône.
43. Heptagône.
44. Octogône.
45. Ennéagône.
46. Décagône.
47. Endécagône.
48. Dodécagône.

49.

50.

Dodecagône.

Undécagône.

Décagône.

Ennéagône.

Octogône.

Heptagône.

Hexagône.

Pentagône.

Quarré.

Coté du Triangle.

Diamètre.

51.

PLANCHE NEUVIÈME.

FIGURE 49.

DÉFINITION DE LA PROPORTION DU CÔTÉ DE TOUS LES POLYGONES INSCRITS DANS DES CERCLES DE MÊME DIAMÈTRE.

On propose, pour connaître le rapport du côté des polygones avec le diamètre, de diviser le diamètre en quinze parties; ainsi, le diamètre étant supposé avoir. . . . . 15 lignes.

Le côté du triangle en aura. . . 13.

Le côté du carré . . . . 11.

Le côté du pentagone. . . . . . 9.

Le côté de l'hexagone . . . . . 8.

Le côté de l'heptagone . . . . . 7.

Le côté de l'octogone. . . . . . 6.

Le côté de l'ennéagone. . . . . 5 1/2.

Le côté du décagone . . . . . . 5.

Le côté de l'ondécagone. . . . . 4 1/2.

Et le côté du dodécagone . . . . 4.

FIGURE 50.

Les côtés de ces polygones sont des lignes moyennes proportionnelles; ainsi, on peut conclure de cette définition, que ces côtés de polygones étant pris pour des côtés de triangle, des côtés de carré, des diamètres de cercle, etc., produiront des triangles, des carrés, des cercles, moyens proportionnels.

FIGURE 51.

Mesure de l'angle de tous les polygones.

2

PLANCHE DIXIÈME.

FIGURE 52.

Un polygone peut avoir une infinité de côtés, tellement qu'il ressemble au cercle ; mais le cercle est formé d'une seule ligne courbe, et le polygone est formé d'une infinité de lignes droites.

FIGURE 53.

On nomme surface circulaire l'espace contenu dans un cercle.

FIGURE 54.

L'espace contenu dans un cercle, dont le diamètre est moitié d'un autre, est le quart de sa surface.

FIGURE 55.

La surface d'un cercle est à peu près égale à un carré, lorsque le diamètre du cercle est la cinq-sixième partie de la diagonale du carré.

FIGURE 56.

On nomme ellipse un plan semblable à la forme d'un œuf.

FIGURE 57.

On nomme ovale un plan semblable à un cercle alongé.

FIGURE 58.

Deux lignes courbes sont parallèles, lorsqu'elles ont un centre commun ou un même centre.

FIGURE 59.

Une ligne est perpendiculaire, lorsqu'elle s'élève sur une autre, et que les angles qu'elle forme sont droits, sans avoir égard à sa position.

FIGURES 60 ET 61.

La ligne perpendiculaire et la ligne verticale sont semblables, sous le rapport des angles qu'elles forment ; mais la ligne perpendiculaire peut se placer dans toutes les dimensions, au lieu que la ligne verticale ne peut être placée que dans une position verticale ou d'aplomb.

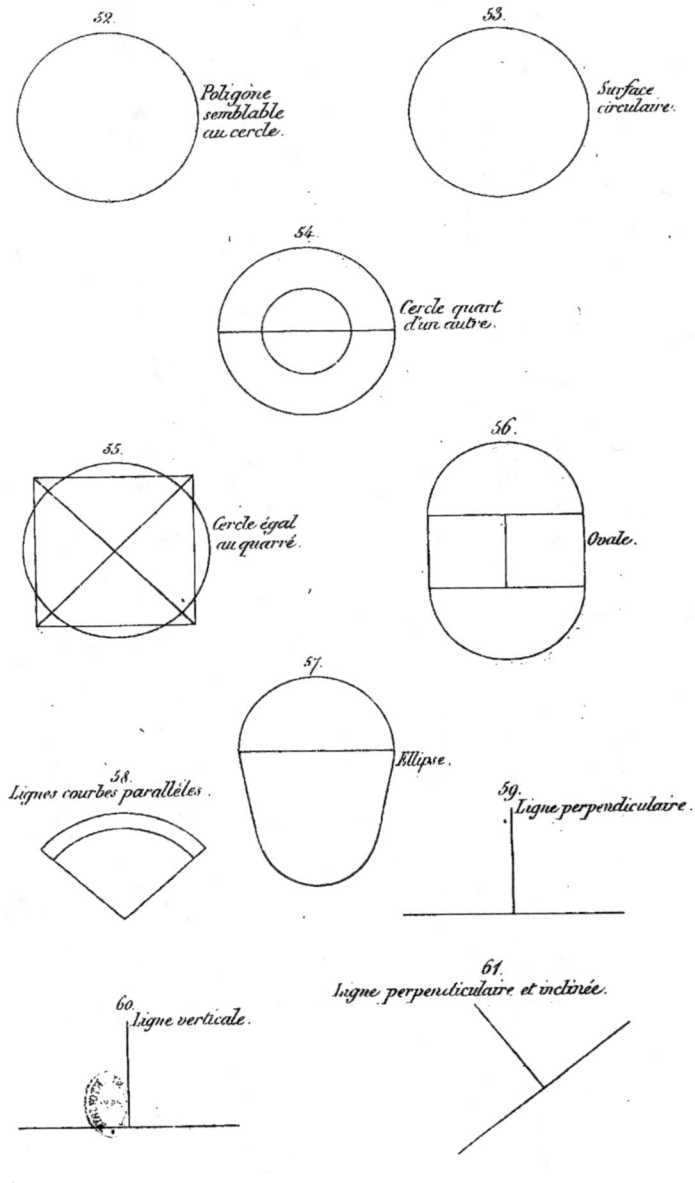

52.
Poligône
semblable
au cercle.

53.
Surface
circulaire.

54.
Cercle quart
d'un autre.

55.
Cercle égal
au quarré.

56.
Ovale.

57.
Ellipse.

58.
Lignes courbes parallèles.

59.
Ligne perpendiculaire.

60.
Ligne verticale.

61.
Ligne perpendiculaire et inclinée.

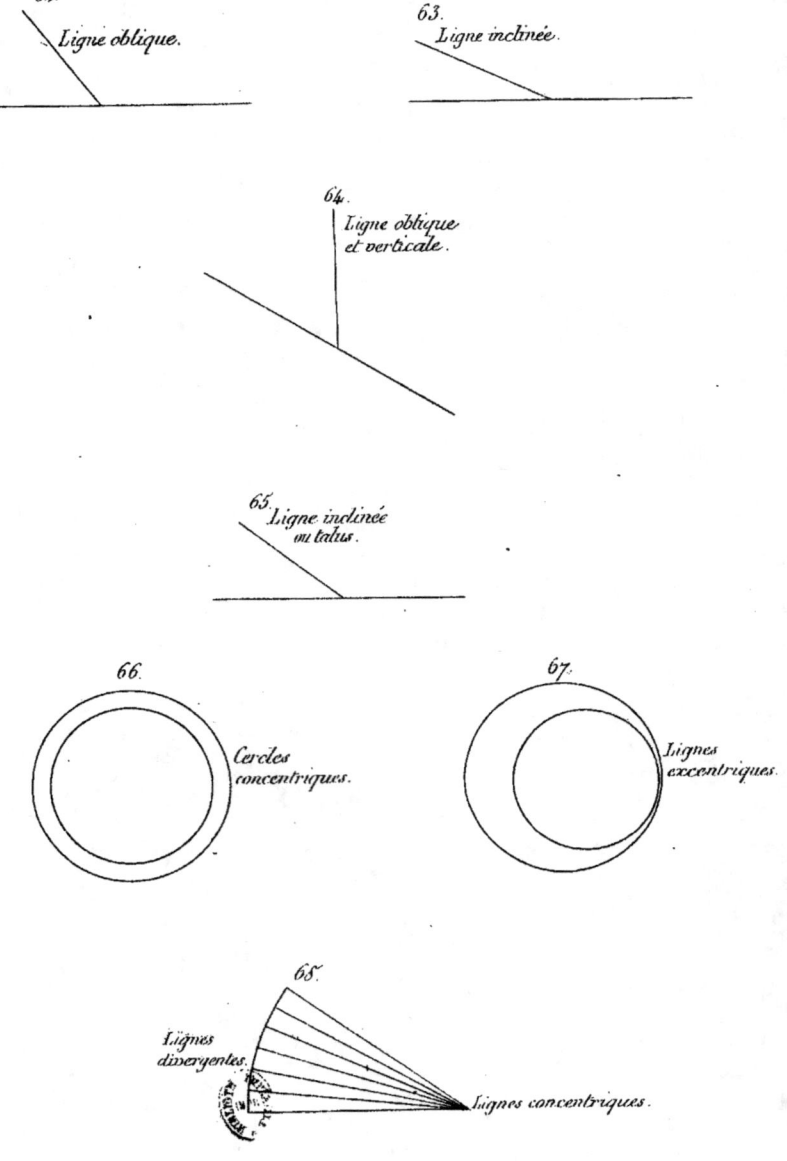

62.
Ligne oblique.

63.
Ligne inclinée.

64.
Ligne oblique
et verticale.

65.
Ligne inclinée
ou talus.

66.
Cercles
concentriques.

67.
Lignes
excentriques.

68.
Lignes
divergentes.

Lignes concentriques.

PLANCHE ONZIÈME.

FIGURE 62.

Une ligne est oblique, lorsqu'elle forme des angles aigus ou obtus.

FIGURE 63.

La ligne oblique et la ligne inclinée sont semblables sous le rapport des angles qu'elles peuvent former ; mais elles n'ont aucun rapport dans la définition des dimensions.

FIGURE 64.

Par exemple, les angles que forme une ligne oblique peuvent être placés dans toutes les dimensions ;

FIGURE 65.

Au lieu que les angles que forme une ligne inclinée avec une ligne horizontale sont toujours placés en talus.

FIGURE 66.

Deux cercles sont concentriques lorsqu'ils ont un même centre ; le plus petit est nommé antécédant, et le plus grand est nommé conséquent.

FIGURE 67.

Deux cercles inscrits l'un dans l'autre, et qui n'ont pas un même centre, sont nommés excentriques.

FIGURE 68.

Des lignes qui aboutissent à un même point sont nommées concentriques ou convergentes. Des lignes qui aboutissent à un même point et qui s'écartent en proportion de la longueur de leurs côtés, sont nommées divergentes.

2*

PLANCHE DOUZIÈME.

On distingue sept sortes de surfaces :

La surface convexe.

La surface concave.

La surface plane ou plate.

La surface inclinée.

La surface verticale.

La surface développable.

Et la surface gauche.

FIGURE 69.

La surface convexe et saillante est le dehors d'une ligne courbe ; la surface concave et rentrante est le dedans d'une ligne courbe.

FIGURE 70.

La surface plane ou plate est placée horizontalement, tel que le dessus d'une eau calme.

FIGURE 71.

La surface inclinée est placée en talus.

FIGURE 72.

La surface verticale est placée à-plomb.

FIGURE 73.

On nomme surface développable une surface qui peut être réduite en surface plane ou plate.

Ainsi le corps d'un habit est une surface développable parce qu'il est formé de plusieurs surfaces planes qui se joignent ensemble ; cette définition est d'une grande utilité pour la coupe de l'habillement.

69.
Surface convexe et saillante.

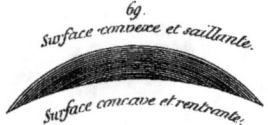

Surface concave et rentrante.

70.

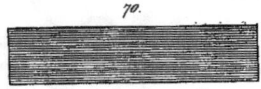

Surface plane ou platte.

71.

Surface inclinée.

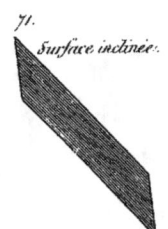

72.

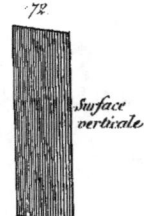

Surface verticale.

73.

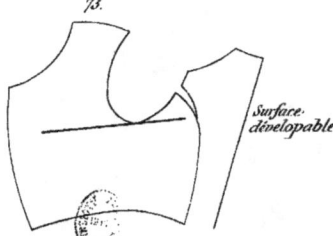

Surface développable.

74.

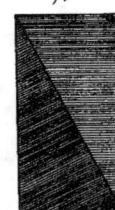

Surface gauche.

75.

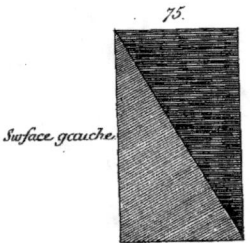

Surface gauche.

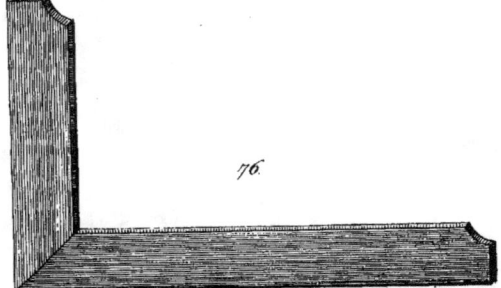

76.

Equerre.

77.

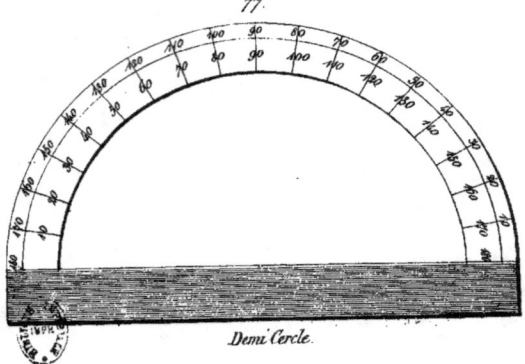

Demi Cercle.

PLANCHE TREIZIÈME.

FIGURES 74 ET 75.

On nomme surface gauche une surface contrariée, telle qu'une porte déjetée.

Comme cette leçon n'est applicable qu'à la coupe de l'habillement, il est nécessaire de définir les instrumens mathématiques nommés équerre et demi-cercle.

L'équerre est un instrument avec lequel on peut élever un plan formé de lignes perpendiculaires et parallèles.

Nous définirons dans son lieu les dimensions d'une équerre de proportion (ou fausse équerre); cet instrument est fait pour servir d'équerre, de demi-cercle, de pied-de-roi et de pied de proportion.

Le demi-cercle est un instrument avec lequel on peut définir les dimensions d'un plan formé par des lignes obliques ; on se sert du demi-cercle pour mesurer les angles.

Cet instrument est fait en cuivre, ou en corne transparente ; son plan est une ligne droite servant de diamètre et une ligne circulaire formant le demi-cercle ; ce demi-cercle est divisé deux fois en cent-quatre-vingts degrés ;

PLANCHE QUATORZIÈME.

FIGURE 78.

C'est-à-dire que la progression des chiffres va de droite à gauche et de gauche à droite, le milieu du diamètre est le centre de toutes les lignes qui peuvent être menées de ce point du centre à la ligne circulaire.

FIGURE 79.

Ainsi, pour mesurer un angle, il suffit de placer le point de centre du demi-cercle au point de jonction des lignes qui forment l'angle que l'on veut mesurer.

FIGURE 80.

Ainsi, pour mesurer les deux angles formés par une ligne droite, tombant sur le milieu d'une autre, il suffit également de placer le point de centre au point de jonction ; le demi-cercle étant divisé dans un sens inverse, la valeur d'un angle avec la valeur de son supplément vaut toujours cent-quatre-vingts degrés.

Ainsi l'équerre, le demi-cercle, et le pied-de-roi suffisent pour réduire en principes de géométrie toutes espèces de vêtemens faits pour une seule taille ; mais pour des vêtemens proportionnés, pour plusieurs tailles, il est essentiel de connaître l'usage de l'échelle de proportion.

L'échelle de proportion sert à diviser des lignes de plusieurs grandeurs en une même quantité de points.

78.

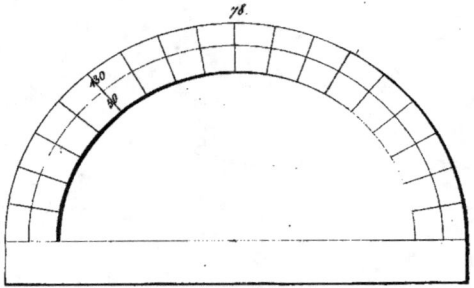

79.

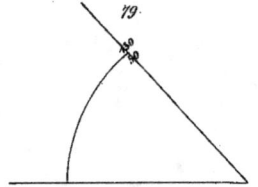

80.

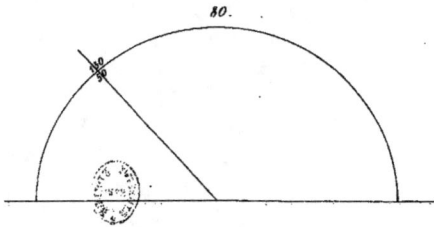

81.

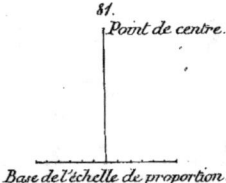

Point de centre.

Base de l'échelle de proportion.

82.

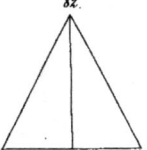

83.

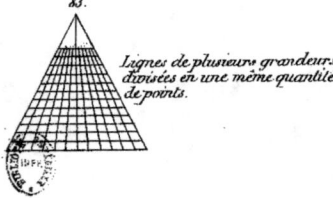

Lignes de plusieurs grandeurs
divisées en une même quantité
de points.

On propose de prendre pour base de proportion une ligne, telle qu'un pouce, divisée en douze parties, d'élever une perpendiculaire sur le milieu de cette ligne et de prendre l'extrémité de cette perpendiculaire pour point de centre.

On propose, ensuite de former un triangle avec le point de centre et les deux extrémités de la base de proportion.

FIGURE 83.

On propose de diviser ensuite la ligne perpendiculaire en autant de points que l'on voudra, de mener (parallèlement à la base) autant de lignes qu'il y aura de points sur la perpendiculaire, et (pour finir) de mener du point de centre à la base autant de lignes qu'il y a de points sur la base : ainsi les lignes parallèles à la base seront divisées par les lignes menées du point de centre à la base en autant de points que la base elle-même.

PLANCHE SEIZIÈME.

Le principe de cette proposition est le même que celui où nous proposons de réduire le pied-de-roi à l'échelle de proportion.

FIGURE 84.

En prolongeant les lignes menées du point de centre à la base, au-delà de la base, les parallèles menées hors de la base seront toujours divisées en une même quantité de points. Par cette opération, la base de proportion qui n'a qu'un pouce peut diviser des lignes d'un pied, d'une toise, etc., en une même quantité de points.

DÉFINITION DES SOLIDES RÉGULIERS, NOMMÉS CORPS.

On entend par le nom *solide* l'ensemble ou la masse d'un objet quelconque ; un solide est formé de plusieurs surfaces plates ou d'une seule surface circulaire.

54.

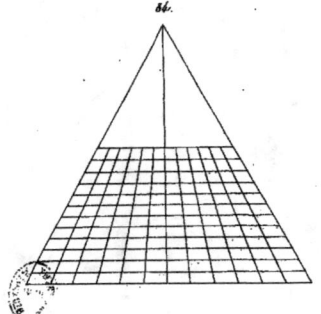

85.
Angle solide.

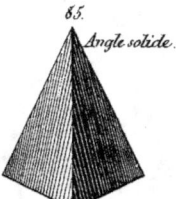

86.

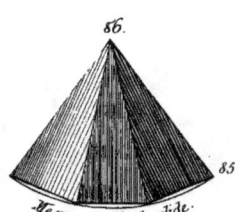

85.

Mesure de l'Angle solide.

87.

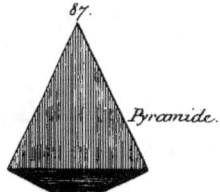

Pyramide.

88.

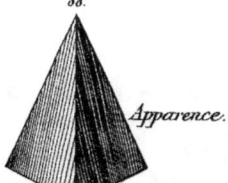

Apparence.

89. Sommet.

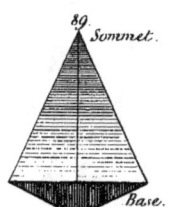

Base.

90.

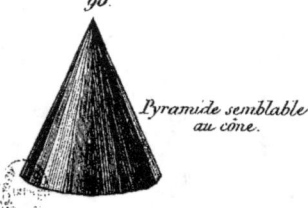

Pyramide semblable au cône.

PLANCHE DIX-SEPTIÈME.

FIGURE 85.

Trois surfaces triangulaires forment un angle solide.

FIGURE 86.

La mesure d'un angle solide est la somme des trois angles qui forment l'angle solide.

FIGURE 87.

Une quatrième surface triangulaire, jointe aux trois autres, forme un solide nommé pyramide.

FIGURE 88.

On entend par le nom *apparence* l'ensemble qu'un objet offre à la vue ; ainsi, l'apparence d'une pyramide est un quadrilatère. L'angle apparent d'une pyramide ne peut avoir cent-quatre-vingts degrés, de même que l'angle solide ne peut avoir trois cent-soixante degrés.

FIGURE 89.

La surface de cette pyramide, qui est placée horizontalement, est nommée base ; et l'extrémité de l'angle solide, qui s'élève perpendiculairement sur la base, est nommée sommet.

FIGURE 90.

En multipliant les côtés de la base de cette pyramide, on multipliera les surfaces de l'angle solide de cette pyramide.

Et, la base de cette pyramide étant devenue un polygone semblable au cercle, la surface de l'angle solide deviendra semblable à l'angle d'un cône.

PLANCHE DIX-HUITIÈME.

FIGURE 91.

La base d'un cône régulier est un cercle, et son sommet s'élève perpendiculairement sur sa base. La surface de son angle solide est circulaire ; son apparence est un angle.

FIGURE 92.

La base d'un cône peut être ovale.

FIGURE 93.

La base d'un cône peut avoir la forme d'une ellipse.

FIGURE 94.

Le solide , nommé prisme, est formé de trois surfaces carré-long , et par conséquent parallèles ; sa base est son sommet, dont deux triangles semblables.

FIGURE 95.

Le prisme, dont la base et le sommet sont deux carrés, est formé de quatre surfaces carré-long.

FIGURE 96.

En multipliant les côtés de la base et du sommet d'un prisme, on en multipliera les surfaces parallèles, et la base et le sommet étant devenus des polygones semblables au cercle, la surface de ce prisme deviendra semblable à un cylindre.

91.

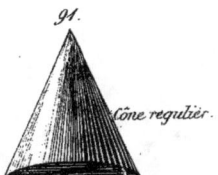

Cône regulier.

92.

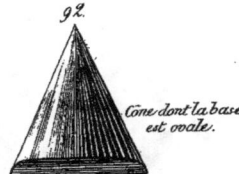

Cône dont la base est ovale.

93.

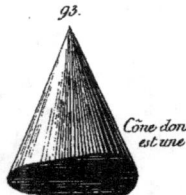

Cône dont la base est une ellipse.

94.

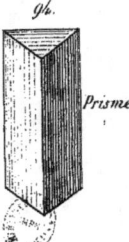

Prisme.

95.

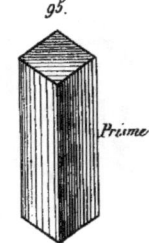

Prisme.

96.

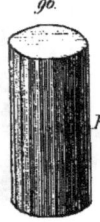

Prisme semblable au cylindre.

97.

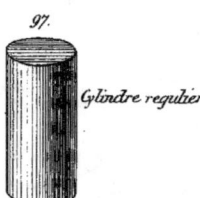

Cylindre regulier.

98.

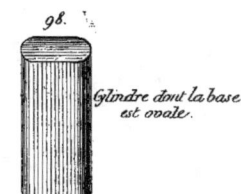

Cylindre dont la base est ovale.

99.

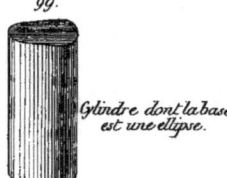

Cylindre dont la base est une ellipse.

100.

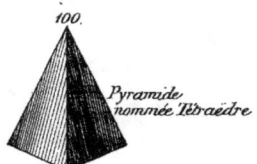

Pyramide nommée Tétraèdre

101.

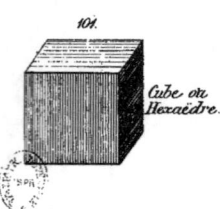

Cube ou Hexaèdre.

102.

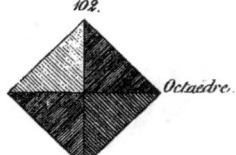

Octaèdre.

103.

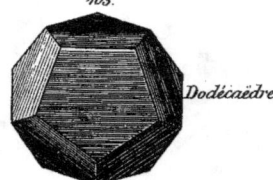

Dodécaèdre.

PLANCHE DIX-NEUVIÈME.

FIGURE 97.

Le solide nommé cylindre est formé d'une surface circulaire ; sa base et son sommet sont deux cercles de même diamètre.

FIGURE 98.

La base et le sommet d'un cylindre peuvent être ovales.

FIGURE 99.

La base et le sommet d'un cylindre peuvent être une ellipse.

FIGURE 100.

La pyramide, considérée comme solide, est nommée tétraèdre ; elle est formée de quatre surfaces triangulaires : son angle solide est de cent-quatre-vingts degrés.

FIGURE 101.

Le cube ou hexaèdre est formé de six surfaces carrées ; son angle solide est de cent-soixante-dix degrés ; sa diagonale le divise en deux solides formés de cinq surfaces.

FIGURE 102.

Le solide nommé octaèdre est formé de huit surfaces triangulaires ; son angle solide est de deux cent-quarante degrés ; son apparence est un carré.

FIGURE 103.

Le solide nommé dodécaèdre est formé de douze surfaces pentagones ou de cinq côtés. Son angle solide est de trois cent-vingt-quatre degrés ; son apparence est décagone.

PLANCHE VINGTIÈME.

FIGURE 104.

Le solide nommé icosaèdre est formé de vingt surfaces triangulaires. Son angle solide est de trois cents degrés ; son apparence est pentagone.

En général , un solide formé de plusieurs surfaces est nommé polyèdre ; ainsi , un polyèdre peut être formé d'une infinité de surfaces, tellement qu'il ressemble à une sphère ; mais la sphère n'a qu'une seule surface circulaire, et le polyèdre en a plusieurs.

FIGURE 105.

Le solide nommé sphère est formé d'une seule surface circulaire. Son diamètre est nommé axe, essieu ou diamètre apparent.

FIGURE 106.

Le solide nommé sphéroïde est formé d'une surface apparente d'ovale.

FIGURE 107.

Le solide nommé ellipse est formé d'une surface apparente d'œuf.

FIGURE 108.

Le triangle sphérique est toujours une portion de sphère ; ainsi , un cône dont la base serait circulaire serait un triangle sphérique.

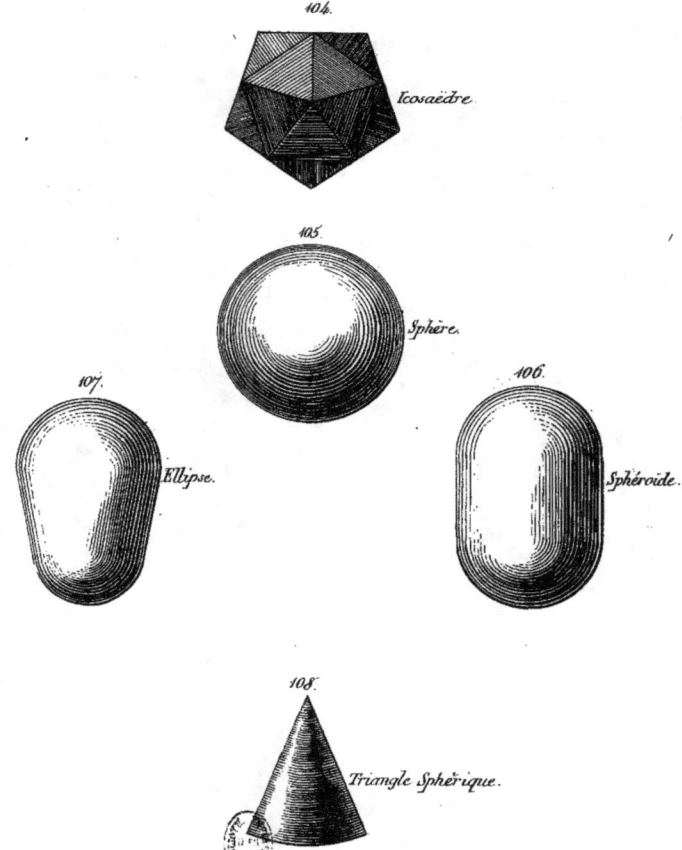

104.

Icosaèdre.

105.

Sphère.

107.

Ellipse.

106.

Sphéroide.

108.

Triangle Sphèrique.

109.

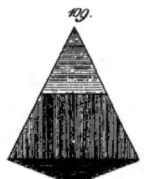

110.

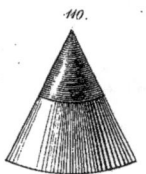

111.

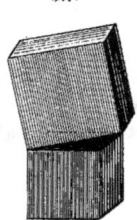

112.

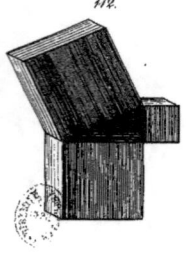

PLANCHE VINGT-UNIÈME.

La diminution ou l'augmentation des surfaces, par les côtés du triangle et la diagonale du carré, est le même principe pour l'augmentation ou la diminution des solides.

FIGURE 109.

La solidité d'une pyramide, dont les côtés sont moitié d'une autre, est le quart de sa solidité.

FIGURE 110.

La solidité d'un cône, dont les côtés sont moitié d'un autre, est le quart de sa solidité.

FIGURE 111.

La solidité d'un cube, dont un des côtés est égal à la diagonale d'un autre, est le double de sa solidité.

La solidité d'un cube, dont la diagonale est moitié d'un autre, est aussi la moitié de sa solidité.

FIGURE 112.

Les côtés d'un triangle rectangle étant proposés pour être les côtés de trois cubes, le plus grand de ces trois cubes sera toujours égal aux deux autres.

PLANCHE VINGT-DEUXIÈME.

Le peu d'étendue que nous voudrions donner à cet ouvrage nous oblige à terminer ici notre Cours de Géométrie, malgré les nombreuses démonstrations que nous pourrions faire encore.

Par exemple, nous n'avons donné aucune démonstration qui ait rapport à la levée des plans : cette partie appartient aux élémens de perspective ; nous nous contenterons de dire que la levée des plans est l'art de mesurer l'étendue et la dimension d'un lieu ou d'un objet quelconque, par le moyen d'un pied ou autre mesure, d'un demi-cercle ou tel autre instrument. La levée des plans, faite à la vue, se nomme perspective.

FIGURE 113.

Dans la levée des plans faite à la vue, le géomètre est supposé immobile, et les points qui forment le plan à lever sont supposés inaccessibles.

FIGURE 114.

Le premier problème applicable à la levée des plans est celui où l'on propose de connaître, par le moyen des triangles semblables, la distance d'un point inaccessible à un autre point supposé immobile.

La démonstration de ce problème paraîtra plus sensible, en indiquant les points proposés à côté des lignes qui forment la figure.

Nous rappellerons à nos lecteurs que ce Cours de Géométrie s'applique particulièrement à la coupe de l'habillement, et qu'il est nécessaire de se rappeler des définitions qui ont rapport à cette partie, afin de comprendre les propositions que nous ferons dans la partie suivante.

FIN DU COURS DE GÉOMÉTRIE.

113.

Point inaccessible.

Point immobile.

114.

Point inaccessible.

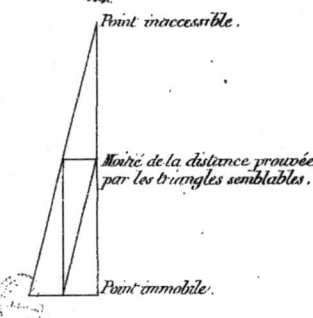

Moitié de la distance prouvée
par les triangles semblables.

Point immobile.

APPLICATION

DE LA GÉOMÉTRIE

A LA COUPE DE L'HABILLEMENT.

DISSERTATION

SUR L'ART DU TAILLEUR.

Pour définir les principes de l'art du tailleur, nous nous rattacherons à l'idée générale de M. de Garsault. Selon lui, l'ouvrier qui exerce cet art ne doit s'appliquer qu'à envelopper son modèle animé, de façon qu'il puisse se mouvoir, dans son enveloppe, sans gêne et sans contrainte; et que, pour accessoire, il doit aussi s'appliquer à le décorer suivant son degré d'aisance ou de dignité.

Ainsi, un tailleur qui veut exercer son art suivant les règles de la géométrie (en y appliquant les idées de M. de Garsault), doit s'appliquer à faire des vêtemens qui se développent bien sur la surface du corps, sans gêner la personne qui les porte. Un habit, par exemple, doit, en se développant sur le corps, ne présenter qu'une surface tout à fait lisse (excepté le haut de la manche); il doit être taillé de façon que celui qui le porte ne soit nullement gêné dans le moindre de ses mouvemens, qu'il puisse se tenir droit, mouvoir ses bras en plusieurs sens, sans que son habit éprouve le moindre déplacement; il doit se tenir constamment appuyé sur le corps sans être boutonné.

Si l'art du tailleur eût déjà été soumis aux règles de la géométrie, nous pourrions, sans craindre aucune objection, faire la description d'un vêtement quelconque, en y appliquant les termes convenables.

Nous allons cependant essayer d'appliquer quelques termes de géométrie à la forme des vêtemens taillés ou confectionnés : par exemple, un manteau peut être considéré comme un cercle, malgré que le centre ne soit pas sur le milieu de son diamètre; le corsage d'un habit peut être considéré comme

4

étant un polygone curviligne, etc. Des vêtemens confectionnés et placés sur le corps prennent alors la forme des figures solides, et particulièrement la figure conique.

Les règles de la géométrie sont d'une grande utilité pour définir les dimensions des vêtemens taillés ou confectionnés.

La seule description des vêtemens devrait suffire pour indiquer à l'ouvrier la manière dont ils sont taillés.

Ces descriptions peuvent être ainsi conçues.

Le devant de la basque d'une redingote tombe verticalement; le bas des basques est de niveau; les poches sont placées horizontalement sur la hanche.

Ailleurs, les fronces du devant du corsage de cette robe sont divergées et se développent très-bien sur la poitrine; les ceintures se placent de niveau.

Le bas des jupes se termine horizontalement.

Le haut du biais est découpé en pointes et forme une chaîne d'angles continus, etc.

Revenons maintenant aux habits :

Un habit fait suivant les règles de l'art, en 1828, doit élargir la poitrine et les épaules; il doit donner à la taille une forme conique, et cette forme doit aussi être celle des manches; car les figures coniques sont assez utiles dans la coupe des vêtemens. Les basques d'habit doivent s'ajuster sur la hanche, et cette raison nous oblige à donner une idée de la confection d'un habit tel qu'il doit être exécuté. Cette confection consiste dans l'assemblage des diverses parties qui en forment l'ensemble : ainsi, les garnitures servent à lui donner le soutien nécessaire, et c'est le travail qui lui donne la forme. De toutes les parties, il n'en est pas qui ne doive être serrée ou tendue.

Cette règle admet peu d'exceptions.

Pour tendre ou serrer les diverses parties d'un habit, on peut employer quatre procédés différens. On peut serrer une partie d'étoffes quelconque, 1° par le moyen d'un ruban; 2° par des fronces imperceptibles, nommées embus; 3° par des fronces ordinaires; 4° par des plis de plusieurs formes. Ainsi, le dessus d'une manche est froncé, l'attachement d'une basque est embus, un revers d'habit est serré, une jupe de robe est plissée ou froncée.

Un gilet doit être taillé de façon qu'il se développe sur le corps et ne prenne aucuns plis sous les vêtemens que l'on met par-dessus, soit habit ou redingote.

Un pantalon doit s'étendre également, soit sur le côté, soit dans l'entre-jambe, et permettre de se baisser facilement ou faire un écart sans être nullement gêné.

Notre but, dans cet ouvrage, étant de traiter seulement les articles les plus essentiels de l'habillement, nous ne nous étendrons pas sur la confection d'une infinité de vêtemens : notre dessein n'est que de donner une idée de la géométrie aux jeunes gens qui exercent l'art du tailleur ou qui voudraient simplement en connaître les principes.

Les principes de cet art reposent entièrement sur la manière de prendre les mesures : il importe peu d'employer une mesure divisée par centimètres ou par pouces, ou une simple bande de papier; il suffit que la mesure soit exacte et puisse aider à connaître les dimensions de la personne que l'on doit habiller.

L'usage des mesures en papier est encore préférable aux autres; car, une fois que l'on a fait les marques sur sa mesure, on n'a plus besoin de s'en occuper, qu'au moment où l'on est pour s'en servir. Nous démontrerons en son lieu la manière que l'on peut adopter pour marquer, par des petites hoches faites sur la mesure, les longueurs, largeurs ou grosseurs contenues dans l'habillement. Il serait à souhaiter que les tailleurs, à l'exemple des modistes, coiffeurs et autres artistes, aient dans leurs ateliers des bustes faits exprès pour démontrer la coupe et pour essayer des modèles dont on n'est pas encore certain. Une pareille proposition ne doit pas paraître étrange; car, à présent, l'attirail de nos ateliers n'est pas en rapport avec notre profession.

Nous ne conseillons pas aux jeunes gens d'essayer à tracer d'abord sur les

4*

étoffes les vêtemens que nous donnons pour modèle; mais seulement sur du papier ou des étoffes de peu de valeur.

Nous sommes obligés, dans l'intérêt de notre ouvrage, de démontrer les améliorations qui peuvent résulter de l'application de la géométrie à la coupe de l'habillement; la démonstration sera plus facile à comprendre en y appliquant quelques suppositions.

Ainsi, supposons qu'un tailleur doit habiller une personne qui habite la province, qu'il n'a pas sa mesure ou qu'elle est faite depuis long-tems, que la commande que le tailleur reçoit est ainsi conçue :

« Je désire avoir un habit élégant et qui me seye bien; ma taille est
» 5 pieds 4 pouces; ma ceinture porte deux tiers d'aune (ou 30 pouces).
» Le costume de la gravure du N°   du *Petit Courrier* me plaît; n'ayant
» aucune difformité, je crois que vous pouvez vous régler sur le modèle
» choisi dans *l'Art du Tailleur*, etc. »

Qu'un entrepreneur ait à confectionner un envoi pour un pays étranger, et que cet envoi soit composé de vêtemens pour plusieurs tailles; n'ayant pas de mesures, il aura recours aux pieds proportionnels : ces pieds proportionnels lui serviront de mesures, et, pour tracer ces vêtemens, il suivra le plan d'un de nos modèles. Ainsi, les proportions de ses vêtemens seront les mêmes, et il n'y aura que les grandeurs qui seront différentes.

Une maîtresse couturière peut aussi tailler sur des mesures proportionnelles; mais elle doit toujours essayer les vêtemens avant de les terminer.

Une dame qui veut tailler elle-même, soit corset, robe ou autre ajustement, peut aussi trouver quelques notions dans notre ouvrage, surtout si elle a des principes de dessin.

L'application de la géométrie à la coupe de l'habillement se rattache à deux principales propositions, l'une de bien prendre ses mesures, et l'autre de se servir de ses mesures pour définir les dimensions de la coupe de l'habillement : ainsi, pour connaître la quantité de pouces contenus dans les mesures, il suffit de faire l'inspection de la table suivante.

TABLE
DES MESURES D'HABILLEMENT

POUR UN HOMME D'UNE TAILLE DE 5 PIEDS 4 POUCES.

(Cette Table servira de mesures pour plusieurs tailles, après que nous aurons réduit le pied de roi à l'échelle de proportion.)

MESURE D'UN MANTEAU TAILLÉ EN CERCLE.

	Pouces.	Lig.
Longueur du derrière touchant au collet.	56	»
Longueur du côté touchant le collet.	52	»
Longueur du devant touchant au collet.	48	»
Diamètre.	106	»
Longueur du derrière de la pélerine.	12	»
Longueur du côté.	14	»
Longueur du devant.	9	»
Longueur du collet.	26	»

MESURE D'UNE REDINGOTE CROISÉE.

La mesure doit être prise dans l'ordre ci-après, SAVOIR :

	Pouces.	Lig.
Longueur de la taille du dos.	16	6
Longueur de la basque.	27	»
Largeur d'écarrure.	6	»
Distance oblique du milieu du haut du dos au bas de l'écarrure.	7	9
Longueur de la taille sous le bras.	7	9
Largeur de poitrine touchant d'un côté à l'emmanchure, et déterminant la brisure du collet.	7	»
Largeur de l'épaulette.	4	3
Longueur du milieu du haut du dos au milieu du bas de la croisure.	31	6
Longueur de l'encolure au milieu du bas de la croisure.	13	6

	Pouces.	Lig.
Moitié grosseur du haut du corps	18	»
Moitié grosseur de ceinture	15	»
Grosseur d'épaule	16	»
Longueur de l'écarrure au coude	14	»
Longueur du coude au poignet	13	»
Largeur du haut de la manche	17	»
Moitié de la largeur de la manche au coude	6	9
Moitié de la largeur au poignet	4	3

MESURE D'UN HABIT.

	Pouces.	Lig.
Longueur de la taille du dos	16	3
Longueur de la basque	18	»
Moitié de la largeur d'écarrure	6	»
Distance oblique du milieu du haut du dos au bas de l'écarrure	7	9
Longueur de la taille sous le bras	7	9
Moitié de la largeur de poitrine touchant l'emmanchure, et fixant la brisure du collet	7	»
Largeur d'épaulette	4	3
Longueur du milieu du haut du dos au bas du milieu de la croisure . . .	21	6
Longueur touchant au même point que la largeur de poitrine, et déterminant la longueur du revers	14	»
Moitié de la grosseur du haut du corps	18	»
Moitié de la grosseur de la ceinture	15	»
Grosseur d'épaule ou grandeur d'emmanchure	16	»
Longueur de l'écarrure au coude	14	»
Longueur du coude au poignet	13	»
Largeur entière du haut de la manche	17	»
Largeur entière au coude	13	6
Largeur entière au bas	8	»

MESURE D'UNE REDINGOTE DROITE.

	Pouces.	Lig.
Longueur de taille du dos	16	3
Longueur de la basque	22	»

Moitié de la largeur d'écarrure. . . . . 6 »

Distance oblique du milieu du haut du dos au bas de l'écarrure. . . . . 8 »

Longueur de la taille sous le bras. . . . . 8 »

Moitié de la largeur de poitrine touchant à l'emmanchure, et fixant la
brisure du collet. . . . . 7 »

Largeur d'épaulette. . . . . 4— 3

Longueur du milieu du haut du dos au bas du devant du corsage. . . . . 21 »

Longueur touchant au même point que la largeur de poitrine, et détermi-
nant la longueur du devant du corsage. . . . . 14 »

Moitié de la grosseur du haut du corps. . . . . 18 »

Moitié de la grosseur de ceinture. . . . . 15 »

Grosseur d'épaule ou grandeur d'emmanchure. . . . . 16 »

Longueur de l'écarrure au coude. . . . . 14 »

Longueur du coude au poignet. . . . . 13 »

Largeur entière du haut de la manche. . . . . 17 »

Largeur entière au coude. 13 6

Largeur entière au poignet. . . . . 8 »

MESURES DES GILETS DROITS A SCHALS OU CROISÉS.

Longueur du dos. . . . . 16 »

Distance oblique du milieu du haut du dos au-dessous du bras. . . . . 12 »

Longueur du côté. 6

Largeur de poitrine touchant à l'emmanchure, et fixant le pli du schal
ou le cran du collet. 5 6

Largeur d'épaulette. 3 3

Longueur du milieu du haut du dos au bas du devant. . . . . 21 »

Longueur du devant, depuis le cran jusqu'au bas. 13 6

Moitié de la grosseur du haut du corps. 17 6

Moitié de la grosseur de ceinture. 14 6

MESURE D'UN PANTALON JUSTE.

Longueur du côté. . . . . 38 »

Longueur entière d'entre-jambe. 28 »

Pouces. Lig.

Longueur d'entre-jambe jusqu'au jarret. . . . . 16 »
Moitié de la grosseur de ceinture. . . . . 16 »
Moitié de la largeur à l'entre-jambe. 12 6
Moitié de la largeur au genou. . . . . 6 »
— — au jarret. . . . . 5 »
— — au mollet. . . . . 6 »
— — au bas. 3 3

MESURE D'UN PANTALON LARGE A GRAND PONT.

Longueur du côté. . . . . 40 »
Longueur d'entre-jambe. . . . . 29 »
Moitié de la grosseur de ceinture. . . . . 15 »
Moitié de la largeur à l'entre-jambe. . . . . 13 »
— — au genou. . . . . 9 »
— — au bas . . . . 7 »

MESURE D'UN PANTALON A PLIS.

Longueur du côté. . . . . 39 »
Longueur d'entre-jambe. . . . . 29 »
Moitié de la grosseur de ceinture. . . . . 15 »
Moitié de la largeur à l'entre-jambe. . . . . 15 »
— — au genou. . . . . 10 »
— — au bas . . . . 7 »

APPLICATION

DE

LA GÉOMÉTRIE A LA COUPE DE L'HABILLEMENT.

AFIN que l'on puisse tracer en grand, et par la seule inspection des figures, les dessins contenus dans cette partie, nous indiquerons la quantité de pouces contenus dans les mesures, à côté des lignes qui forment les dessins (ou patrons).

Dans notre cours de géométrie, nous n'avons employé aucunes démonstrations mathématiques. Par exemple, pour indiquer les points et les lignes qui forment les plans, on se sert des lettres de l'alphabet ; le calcul qui en dérive se nomme algèbre.

Ses quatre premières règles sont : l'addition, la soustraction, la multiplication et la division. On se sert pour abréger de plusieurs signes.

Par exemple (pour donner une définition qui ait rapport à notre partie), pour dire que la grosseur d'épaule et la grosseur du col sont égales, nous dirions que la grosseur d'épaule + (*plus*) la grosseur du col sont égales ; que la grosseur du haut du corps — (*moins*) la largeur de l'écarrure, est égale = à la longueur de l'avant-bras.

Que la largeur de l'écarrure × (*multipliée*) trois fois est égale à la grosseur du haut du corps, etc. Ainsi, pour définir nos propositions, nous nous servirons seulement des lettres de l'alphabet, sans y appliquer les règles de l'algèbre.

5

Considérant les élémens de la géométrie, appliqués à l'art du tailleur, comme étant seulement l'art de tracer des plans ;

Nous supposerons qu'une partie de vêtement est un plan développable, et ce n'est qu'à la description d'un vêtement quelconque que nous appliquerons la définition des solides.

Les dimensions de la coupe de l'habillement ne peuvent être définies que par les mesures elles-mêmes.

On propose de prendre pour modèle les mesures d'un homme d'une taille de cinq pieds quatre pouces (modèle du *Petit Courrier des Dames*), et de tracer géométriquement toutes espèces de vêtemens faits pour cette taille, en se servant du demi-cercle et du pied de roi.

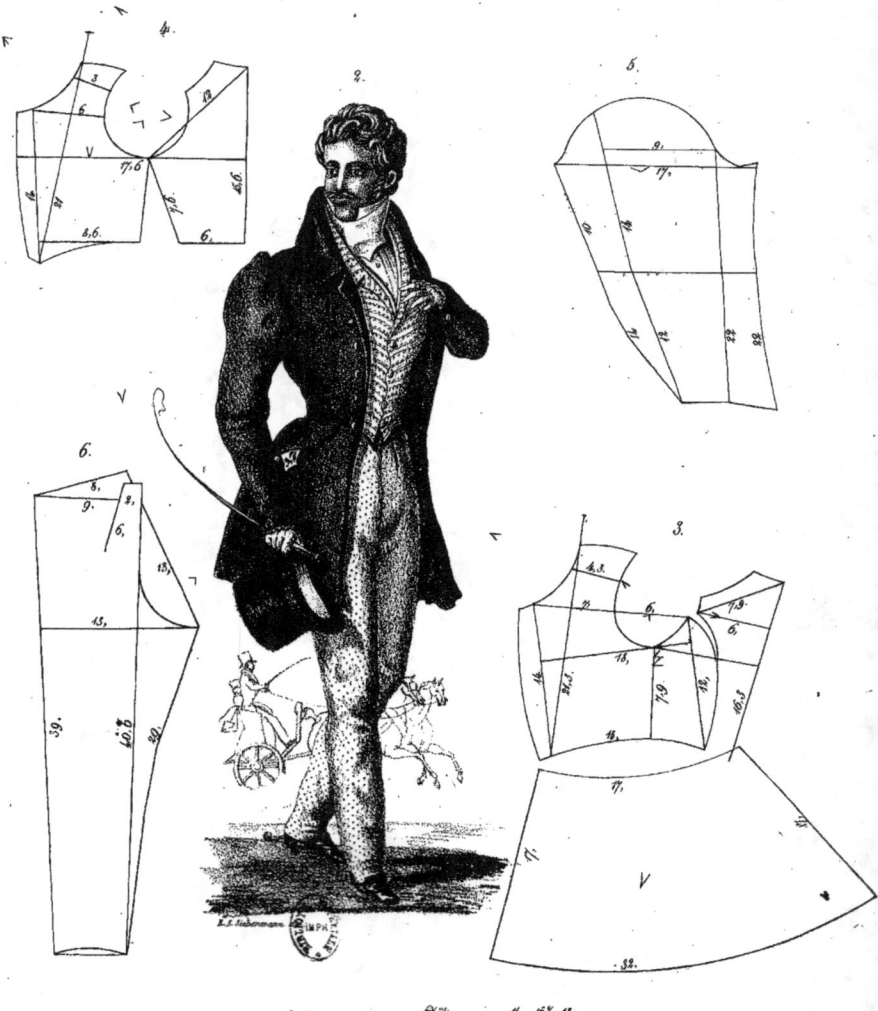

COUPE DE VÊTEMENS D'HOMMES.

PLANCHE VINGT-TROISIÈME.

FIGURE PREMIÈRE.

Échelle de proportion de cinq pieds quatre pouces, réduite à cinq pouces et quatre lignes.

FIGURE 2.

Modèle d'une taille de cinq pieds quatre pouces.

FIGURE 3.

Modèle d'une redingote droite.

FIGURE 4.

Manche à la mameluck.

FIGURE 5.

Gilet à col de redingote.

FIGURE 6.

Pantalon à petit pont et froncé sur la hanche.

Les chiffres placés à côté des lignes qui forment les dessins indiquent la quantité de pouces contenus dans ces lignes.

Les petits angles placés en différens points sont des points de centre.

FIGURE 6 *bis*.

Cette figure indique la quantité de pouces contenus dans les mesures et la manière de marquer les diverses longueurs ou grosseurs ; ainsi, la marque 4 1/4 est la largeur de l'épaulette, la marque 6 est la largeur de l'écarrure, etc. (*Voyez la table des mesures.*)

5*

PLANCHE VINGT-QUATRIÈME.

DIMENSION D'UN MANTEAU TAILLÉ EN CERCLE.

On doit tracer les figures dans l'ordre indiqué par les lettres.

La proposition géométrique la plus utile pour tracer l'habillement, est celle où il est proposé de faire passer une ligne circulaire par trois points quelconques.

FIGURE 7.

Nous allons en faire l'application à la coupe d'un manteau d'homme.

Ces trois points proposés sont les trois longueurs du manteau touchant au collet.

Ainsi commençons par fixer la longueur de devant (a, b), tracer l'encolure (b, c), et fixer ensuite les longueurs de côtés (d, e) et de derrière (c, f). Nous mènerons ensuite une ligne droite de la longueur du derrière (f) à celle du côté (e), et de même une ligne droite de la longueur du côté (e) à celle du devant (a). Sur le milieu de chacune de ces deux lignes (g, h), nous éleverons une ligne perpendiculaire vers l'encolure ; et le point de jonction (i) de ces deux lignes perpendiculaires sera le centre du circuit du manteau.

FIGURE 8.

La même démonstration s'applique à la coupe des pélerines.

FIGURE 9.

DÉFINITION DES DIMENSIONS D'UN CORSAGE AJUSTÉ, TEL QU'UN HABIT.

Pour définir les dimensions d'un habit, commençons à prendre pour base la grosseur de ceinture (a, b) que nous placerons de niveau. Plaçons la grosseur du haut du corps (c, d) parallèle avec la grosseur de ceinture : plaçons perpendiculairement le devant des deux grosseurs (a, e). La grosseur du haut du corps étant plus longue que la ceinture, fait incliner le dos (b, f) dans une obliquité de 110 degrés, et le pli (b, g) incline dans une obliquité de 105 degrés. Ces dimensions sont à peu près les mêmes en tout tems.

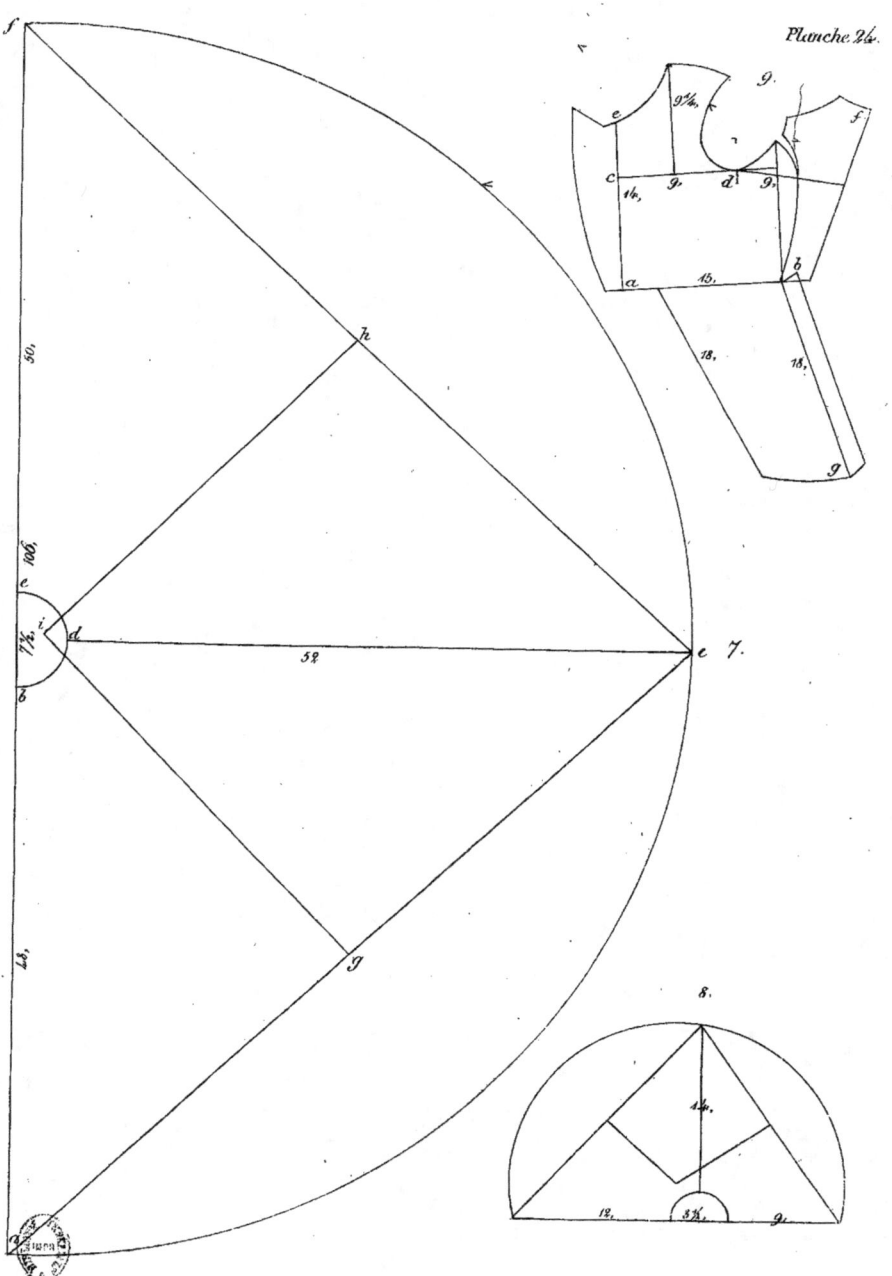

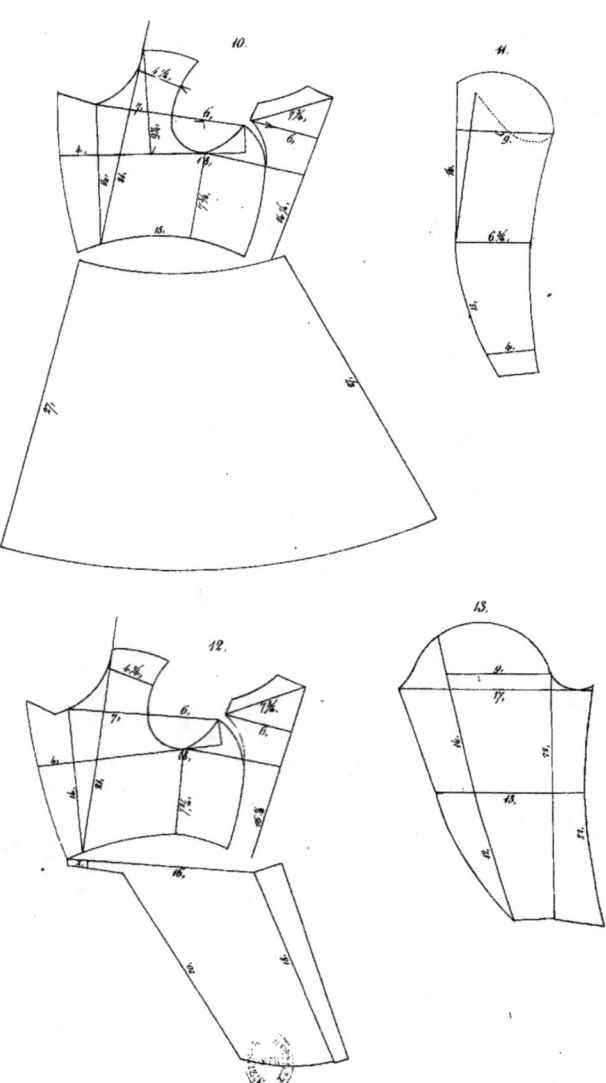

PLANCHE VINGT-CINQUIÈME.

Ainsi, les dimensions d'un habit sont que la ceinture est placée de niveau; que le dos incline sur une obliquité de cent-dix degrés; que le pli incline sur une obliquité de cent-cinq degrés, et que le devant des grosseurs du haut du corps et de ceinture est perpendiculaire et vertical tout ensemble.

FIGURE 10.

DIMENSION D'UNE REDINGOTE CROISÉE.

L'attachement de la basque est placé de niveau; l'obliquité ou la pente du devant de la basque est de cent degrés; l'obliquité du pli de la basque et celle de la taille du dos sont chacune de cent-dix degrés; l'échancrure de la taille est inclinée en arrière; le devant des deux grosseurs du corps tombe en angle droit l'une sur l'autre; les pointes du côté de l'emmanchure et du côté de la taille coupent la grosseur du haut du corps à angle droit; le devant de l'épaulette tombe sur la grosseur du haut du corps, à une distance de quatre pouces.

FIGURE 11.

Les dimensions de la manche sont qu'elle est à deux coutures; que le haut du dessus est plus large d'un pouce que le dessous, à partir du haut jusqu'au coude.

FIGURE 12.

Les dimensions d'un habit coupé sur la hanche sont les mêmes que pour le précédent (*voyez figure* 9), c'est-à-dire que la taille peut être plus ou moins inclinée; mais que le pli doit toujours être dans le même rapport avec la grosseur du haut du corps, qui peut alors servir de base.

FIGURE 13.

Les dimensions de la manche sont que la manche est taillée à la mameluck.

PLANCHE VINGT-SIXIÈME.

FIGURE 14.

DIMENSIONS D'UNE REDINGOTE DROITE.

L'attachement de la basque est placé de niveau ; l'obliquité du devant de la basque est de cent degrés ; l'obliquité du pli de la basque est de cent-dix ; l'obliquité de la taille du dos est de cent-dix ; le devant des deux grosseurs du corps est placé perpendiculairement sur quatre-vingt-dix ; la grosseur du haut du corps se brise au milieu et forme un angle de cent-soixante-huit ; le devant de l'épaulette tombe sur la grosseur du haut du corps, à une distance de quatre pouces ; l'échancrure de la hanche incline sur une obliquité de cent-soixante-quinze.

FIGURE 15.

Les dimensions de la manche nommée *gigot* sont que cette manche est à une seule couture, que cette couture au lieu d'être sous le bras est placée au coude.

MODÈLES DE DIVERS HABILLEMENS.

FIGURE 16.

HABIT D'UNIFORME NOMMÉ FRAC COLLETÉ JUSTE.

Taille de niveau avec le bas du revers, retroussis, et pas de pattes sur la hanche.

FIGURE 17.

HABIT DE DÉPUTÉ ET PETITE TENUE DES PAIRS.

Le bas de ces habits est semblable à un habit civil, et le haut est fait comme un frac ; la manche est ouverte.

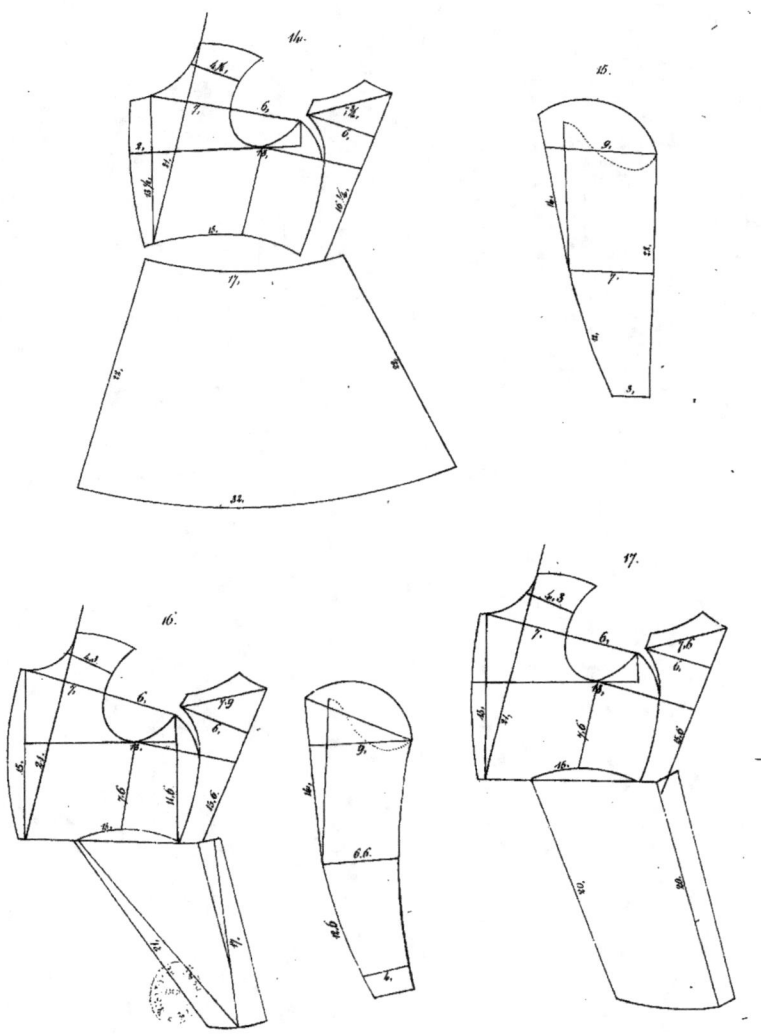

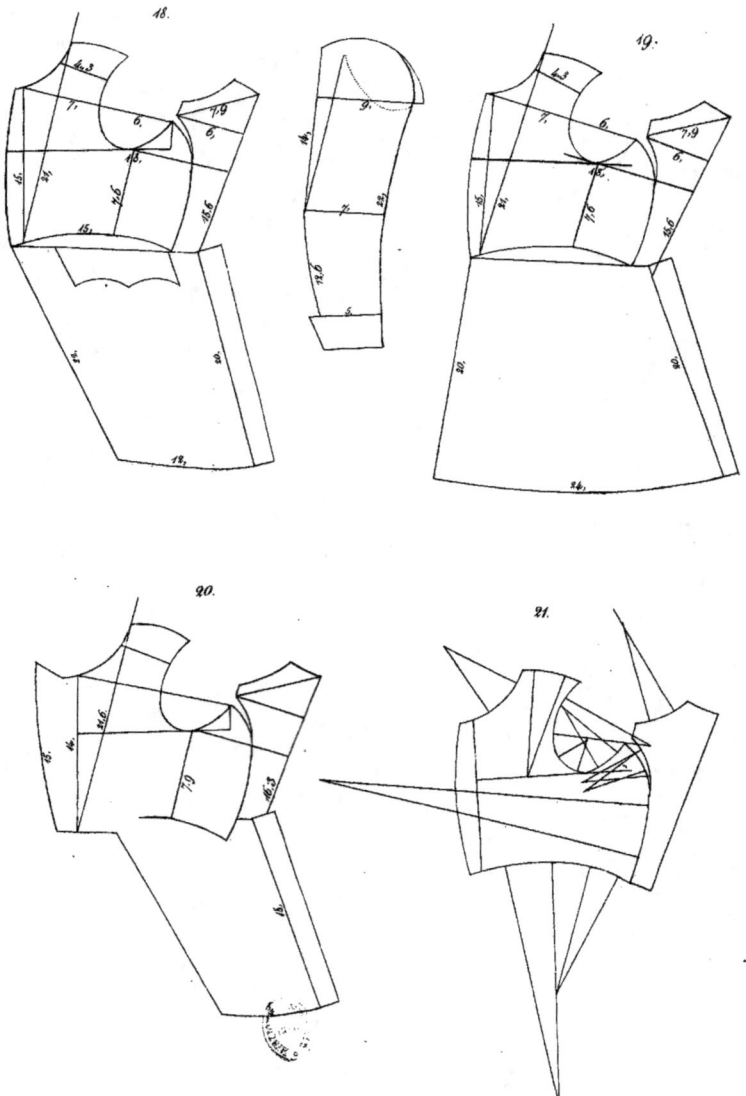

18.

19.

20.

21.

PLANCHE VINGT-SEPTIÈME.

FIGURE 18.

HABIT DE COUR.

Col droit, manche fermée et à botte, pattes à pointes; le devant est un peu courbé et sans échancrure; large du bas de la basque.

FIGURE 19.

GRANDE TENUE DES PAIRS.

Cet habit est coupé comme une redingote droite, le col est droit, la manche fermée, et les paremens font la botte.

PROPOSITIONS APPLIQUÉES A LA COUPE DE L'HABILLEMENT.

FIGURE 20.

On propose d'échancrer la taille d'un habit sous la patte seulement.

Les dimensions d'un habit, coupé seulement sous la patte, sont que la pointe du côté entre dans la basque, et que, cette opération faisant ouvrir l'habit, il faut donner au pli une obliquité de 108 degrés au lieu de 105.

FIGURE 21.

On propose de trouver le centre des lignes courbes qui forment un corsage. Pour trouver le centre des lignes courbes qui forment un corsage il faut marquer le milieu de ces courbes, et mener deux lignes sécantes, des deux extrémités de ces courbes, aux points du milieu; sur le milieu de ces sécantes élever des lignes perpendiculaires (ou rayons); ainsi les points de jonction de ces rayons seront les centres des courbes proposées.

PLANCHE VINGT-HUITIÈME.

FIGURE 22.

Ainsi, le point (m) est le centre de l'encolure (a, b), le point (n) est le centre de l'épaulette (b, c), le point (o) est le premier centre de l'emmanchure (c, d), le point (p) est le deuxième centre de l'emmanchure (d, e), le point (q) est le troisième centre de l'emmanchure (e, f), le point (r) est le premier centre du côté (f, g), le point (s) est le centre du côté du dos (g, h), le point (t) est le deuxième centre du côté (g, i), le point (u) est le premier centre de l'emmanchement de la basque (i, j), le point (v) est le deuxième centre de l'emmanchement de la basque (j, k), le point (x) est le centre du bord du devant (k, l).

FIGURE 23.

On propose de tracer en grand (et sans chercher les centres) toutes les courbes d'un corsage, par le moyen des lignes sécantes et des rayons perpendiculaires; ainsi, pour tracer l'encolure (a, b), il faut mener une ligne sécante du point (a) au point (b), et, sur cette sécante, élever plusieurs petits rayons (c, d) (e, f) et (g, h); ces rayons indiqueront l'espace qu'il y aura entre la sécante et la courbe. La même démonstration s'applique à toutes les courbes qui sont dans l'habillement.

Cette proposition est la meilleure et la plus sûre pour faire en grand les modèles faits en petit dans cet ouvrage.

Appliquons à cette proposition quelques définitions géométriques. Considérons un corsage ajusté comme étant un polygone curviligne, puisque toutes ses parties sont courbées.

Notre proposition signifie que, pour tracer ce polygone curviligne, il faut d'abord en former un polygone rectiligne.

22.

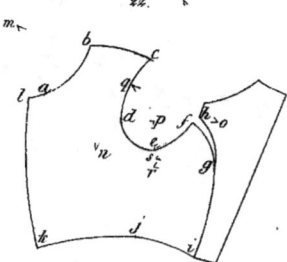

23.

24.

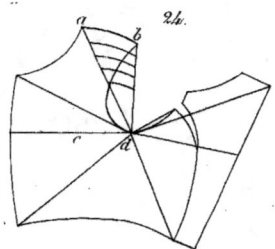

25.

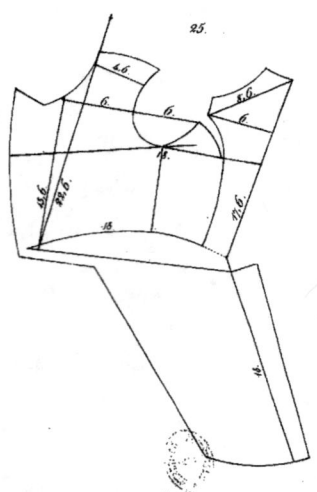

PLANCHE VINGT-NEUVIÈME.

FIGURE 24.

Ayant trouvé le centre de toutes les courbes qui forment un corsage, on propose (pour avoir des corsages de la même forme, mais dont les grandeurs soient différentes) de faire aboutir les centres et les extrémités de ces courbes vers un centre commun, tel que le milieu de la grosseur du haut du corps; ainsi, pour éviter la confusion, prenons seulement la courbe de l'épaulette (*a, b*), le point de centre de l'épaulette (*c*) et le centre commun (*d*) : ainsi, en divisant les trois lignes menées des points (*a, b, c*) au point de centre (*d*) en une même quantité de points, on aura des points de centre et des extrémités de courbes de la même forme, mais dont les grandeurs seront différentes. Ce procédé est applicable à la coupe de l'habillement militaire; car la coupe de l'habillement militaire n'est pas aussi assujétie aux caprices des modes que l'habillement bourgeois.

FIGURE 25.

PROPOSITION TOUCHANT LES TAILLES DISPROPORTIONNÉES.

Soit proposé un corsage d'habit fait pour un homme dont le dos serait courbé, la poitrine rentrée, le ventre saillant, et aussi gros à la ceinture qu'au haut du corps : les changemens à faire pour une semblable taille sont que l'obliquité du haut du dos est plus longue de neuf lignes; que l'écarrure, le diamètre d'emmanchure et la largeur de la poitrine sont égaux; et que le devant des deux grosseurs du corps est incliné au lieu d'être à-plomb, etc.

6

PLANCHE TRENTIÈME.

FIGURE 26.

Autre proposition :

On propose un corsage d'habit fait pour un homme dont les deux grosseurs du corps seraient égales, et dont le corps aurait la forme d'un cylindre.

Les changemens à faire pour une semblable taille sont que le devant des deux grosseurs est incliné au lieu d'être à-plomb, et que le dos incline dans une obliquité de cent-sept degrés au lieu de cent-douze.

En général, tous les défauts qui peuvent exister dans la coupe d'un corsage ne peuvent provenir que du rapport du dos avec le devant.

FIGURES 27, 28 ET 29.
DIMENSIONS DES GILETS.

La dimension des gilets droits, à schalls ou croisés, est la même, c'est-à-dire que la grosseur du haut du corps est la base de toutes leurs dimensions ; ainsi, l'obliquité de l'épaulette, l'obliquité du dos, etc., sont indiquées par la grosseur du haut du corps.

FIGURES 30, 31 ET 32.
DIMENSIONS DES PANTALONS.

La base des dimensions des pantalons est la grosseur d'entre-jambes que nous placerons de niveau.

Ainsi, une ligne droite (a, b), coupant la largeur d'entre-jambe (c, d) à angle droit, suffit pour trouver toutes les dimensions d'un pantalon juste : ainsi, la couture du pont, la position du genou, du jarret, du mollet, etc., sont indiquées par ces deux lignes.

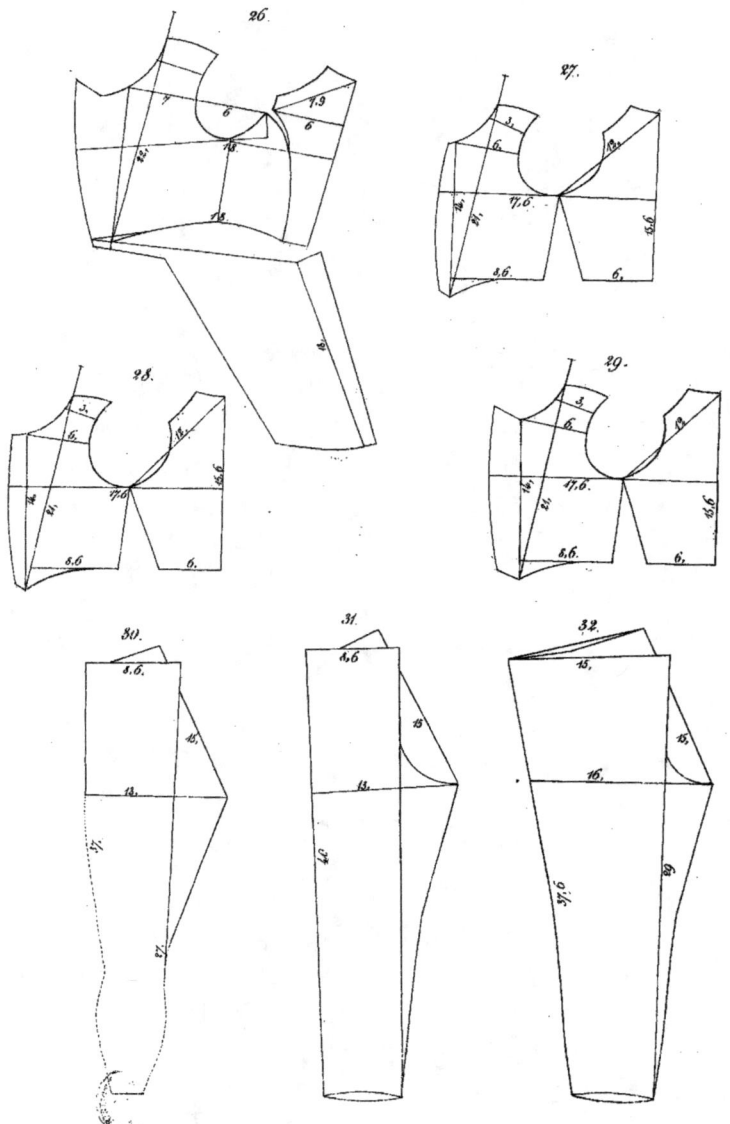

33.

36.

35.

34.

a.

c.

PLANCHE TRENTE-UNIÈME.

Après avoir tracé géométriquement toutes espèces d'habillemens faits pour une taille de cinq pieds quatre pouces ;

On propose, pour avoir des mesures proportionnées pour plusieurs tailles, de réduire le pied de roi à l'échelle de proportion, en prenant pour base de proportion le modèle de cinq pieds quatre pouces.

FIGURE 33.

Ainsi, le plan (a, b, c, d) contient des pieds ou échelles de plusieurs grandeurs, et proportionnées pour plusieurs tailles : et, pour tracer des vêtemens de la même forme, mais dont les grandeurs soient différentes, il suffit de prendre le pied de proportion de la taille que l'on veut tracer.

Pour copier ces différens pieds, on place ses bandes de papier sur les lignes qui les forment, et on les divise par pouces.

Ces pouces étant de plusieurs grandeurs, nous les nommerons pouces progressifs.

FIGURES 34 ET 35.

Ainsi, la figure 34 est un corsage fait pour une taille de quatre pieds quatre pouces, et la figure 35 est un corsage fait pour une taille de quatre pieds six pouces : ainsi, la table des mesures d'un homme de cinq pieds quatre pouces est la même pour toutes les tailles, puisque nous avons réduit le pied de roi à l'échelle de proportion.

FIGURE 36.

L'instrument que nous adoptons est une équerre faite pour servir de demi-cercle, de pied de roi, d'équerre et d'échelle de proportion.

PLANCHE TRENTE-UNIÈME.

Après avoir tracé géométriquement toutes espèces d'habillemens faits pour une taille de cinq pieds quatre pouces ;

On propose, pour avoir des mesures proportionnées pour plusieurs tailles, de réduire le pied de roi à l'échelle de proportion, en prenant pour base de proportion le modèle de cinq pieds quatre pouces.

FIGURE 33.

Ainsi, le plan (a, b, c, d) contient des pieds ou échelles de plusieurs grandeurs, et proportionnées pour plusieurs tailles : et, pour tracer des vêtemens de la même forme, mais dont les grandeurs soient différentes, il suffit de prendre le pied de proportion de la taille que l'on veut tracer.

Pour copier ces différens pieds, on place ses bandes de papier sur les lignes qui les forment, et on les divise par pouces.

Ces pouces étant de plusieurs grandeurs, nous les nommerons pouces progressifs.

FIGURES 34 ET 35.

Ainsi, la figure 34 est un corsage fait pour une taille de quatre pieds quatre pouces, et la figure 35 est un corsage fait pour une taille de quatre pieds six pouces : ainsi, la table des mesures d'un homme de cinq pieds quatre pouces est la même pour toutes les tailles, puisque nous avons réduit le pied de roi à l'échelle de proportion.

FIGURE 36.

L'instrument que nous adoptons est une équerre faite pour servir de demi-cercle, de pied de roi, d'équerre et d'échelle de proportion.

6*

Après avoir réduit en principes de géométrie la coupe d'habillemens d'hommes , et indiqué les moyens de faire des mesures proportionnées pour plusieurs tailles , nous ferons l'application. des mèmes procédés à la coupe des costumes de dames.

TABLE
DES MESURES DE VÊTEMENS DE DAMES,

POUR UNE TAILLE DE 5 PIEDS (Modèle du *Petit Courrier*).

MESURE D'UN MANTEAU TAILLÉ EN CERCLE OU EN PELISSE.

	Pouces.	Lig.
Longueur du derrière touchant au collet.	46	»
Longueur du côté touchant au collet.	48	»
Longueur du devant touchant au collet.	44	»
Longueur du derrière de la pélerine.	10	»
Longueur du côté.	12	»
Longueur du devant.	8	»
Moitié de la longueur du collet.	12	»
Moitié de l'ampleur du haut.	40	»
Moitié de l'ampleur du bas.	55	»

MESURE D'UNE ROBE AJUSTÉE.

	Pouces.	Lig.
Longueur du dos, y compris la largeur de ceinture		
Longueur de la taille du côté avec la ceinture.	7	»
Largeur d'épaulette.	6	»
Largeur de poitrine.	8	»
Longueur du milieu du haut du dos, au bas du devant du corsage, avec la ceinture.	18	»
Longueur du devant, depuis le collet ou poigne, jusqu'au bas de la ceinture.	15	»
Grosseur du haut du corps	16	»
Grosseur de ceinture.	11	»
Largeur d'écarrure.	7	»
Largeur du milieu du dos au coude.	18	»

Longueur du coude au poignet. . . . . 10 »
Longueur du dessous de bras . . . . 18 »
Grosseur d'épaule. . . . . 12 »
Grosseur du bras au coude . . . . 10 »
Grosseur du poignet. . . . . 6 »
Longueur de jupe (derrière). 39 »
Longueur de jupe (côté). . . . . 37 »
Longueur de jupe (devant). 36 »
Ampleur du haut de la jupe. . . . . 33 »
Ampleur du bas. . . . . 44 »

MESURE D'UN CORSET.

Longueur du dos depuis le haut jusqu'au milieu de la ceinture. . . . . 7 »
Longueur entière du dos . . . . 13 »
Largeur de la carrure, en supprimant 1 pouce 1/2 pour la laçure. . . . 5 6
Longueur de la taille du côté, depuis le dessous du bras jusqu'au milieu
   de la ceinture. . . . . 6 »
Longueur entière du côté. . . . . 10 »
Longueur du devant depuis le haut du busc jusqu'au milieu de la laçure. . . 5 6
Longueur entière du devant. 15 »
Longueur de la taille sur le milieu de la gorge . . . . 7 »
Largeur d'épaulette. 1 9
Grosseur d'épaule. . . . . 12 »
Largeur de poitrine. . . . . 9 »
Grosseur du haut du corps, en supprimant 1 p. 1/2 pour la laçure. . . 14 6
Grosseur de ceinture (1 p. 1/2). 9 6
Grosseur sur la hanche (1 p. 1/2). 14 6

Les goussets de la gorge élargissent de 3 pouces, et les goussets de la hanche
élargissent de 8 pouces.

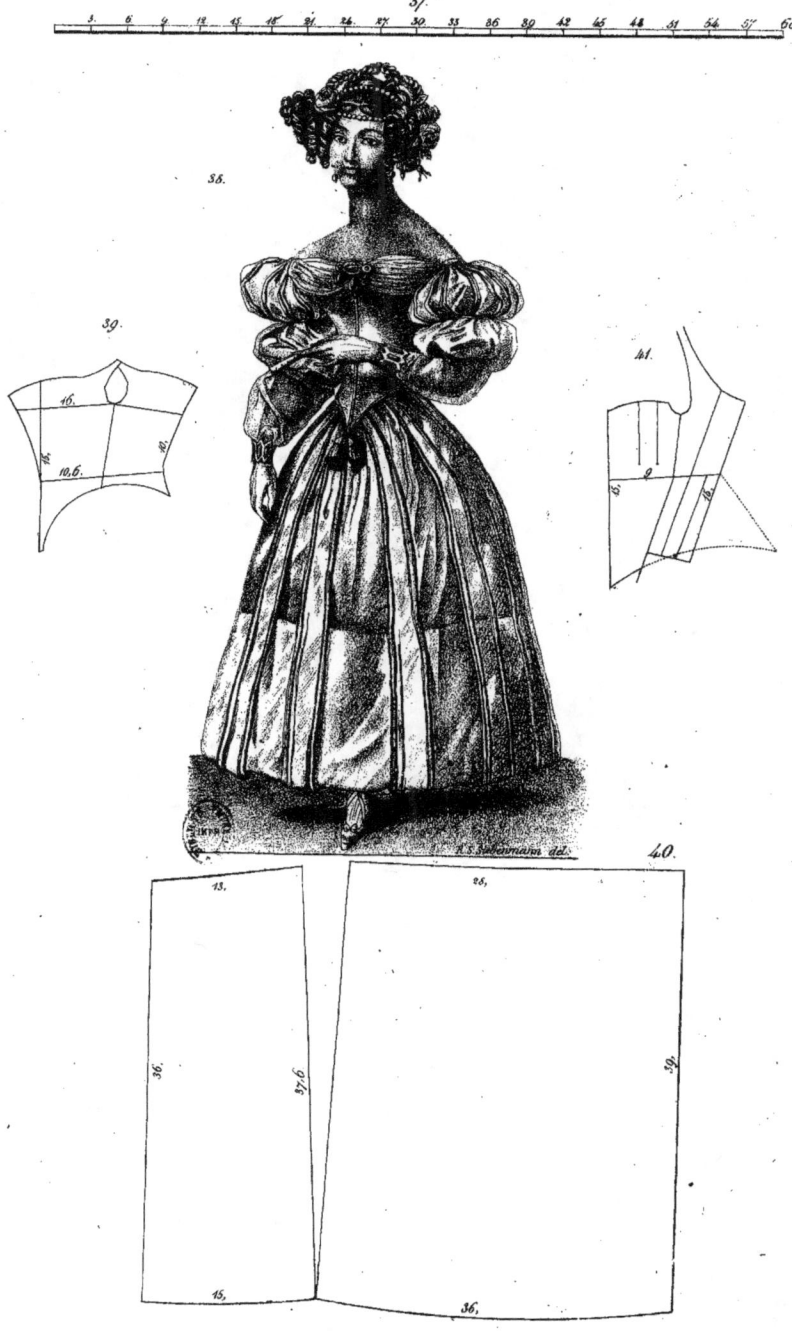

COUPE DE VÊTEMENS DE DAMES.

Nous prendrons pour modèle les mesures d'une taille de cinq pieds.

FIGURE 37.

Échelle de proportion de cinq pieds réduite à cinq pouces.

FIGURE 38.

Modèle d'une taille de cinq pieds.

FIGURE 39.

Modèle d'un corsage de robe.

FIGURE 40.

Modèle de jupe.

FIGURE 41.

Modèle de corset.

Dans la coupe des vêtemens de dames il existe peu de points fixes, et ce n'est guère qu'à un costume d'amazone ou à un corset que l'on peut appliquer quelques termes de géométrie.

Néanmoins la description des costumes de dames est facile à décrire géométriquement et il n'est pas déplacé de dire : le haut d'un corset se termine horizontalement, la ceinture se place de niveau, le devant est vertical, etc.

La draperie qui couvre le haut de la robe forme des plis parallèles ; le haut de la robe est décolleté et de niveau, ainsi que le bas de la jupe ; le bas de la manche a la forme conique ; les fronces du devant de la jupe sont divergées et se développent à mesure qu'elles s'éloignent de la ceinture.

FIGURE 42.

Échelles ou demi-pieds de proportion faits pour tracer les vêtemens de dames, en grand et pour plusieurs tailles.

FIGURE 43.

Manteau taillé en pelisse.

FIGURE 44.

Pélerines taillées en cercle.

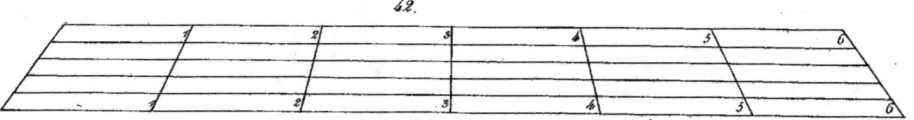

42.

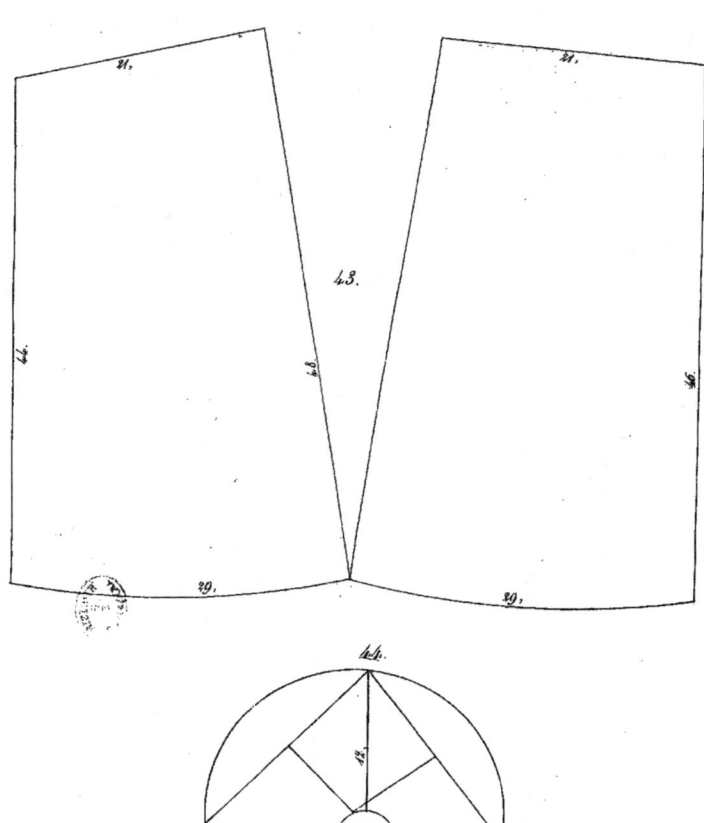

43.

44.

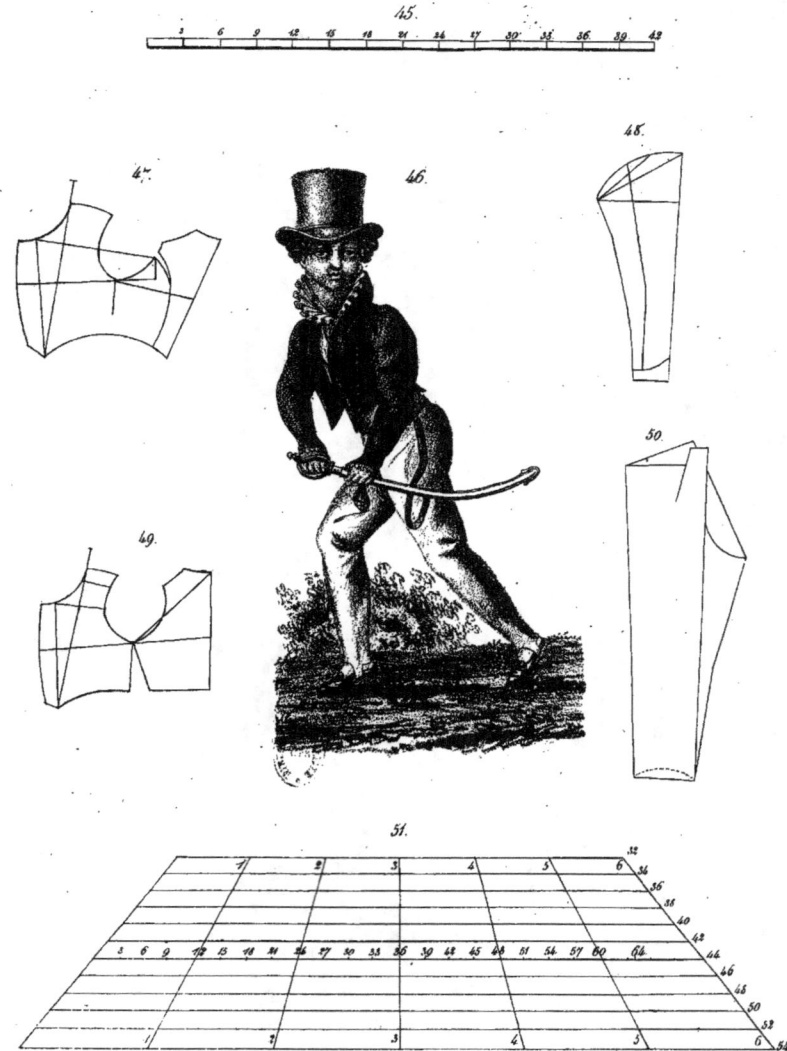

45.

4ᵉ. 46. 48.

49. 50.

51.

COUPE DE VÊTEMENS D'ENFANS.

PLANCHE TRENTE-QUATRIÈME.

FIGURE 45.

Échelle de proportion de trois pieds six pouces, réduite à trois pouces six lignes.

FIGURE 46.

Modèle d'une taille de trois pieds, six pouces, mesurée au pied de roi, et cinq pieds quatre pouces au pied de proportion.

FIGURE 47.

Modèle de spencer à col de redingote.

FIGURE 48.

Modèle de manche à la mameluck.

FIGURE 49.

Modèle de gilet.

FIGURE 5o.

Modèle de pantalon froncé sur la hanche.

FIGURE 51.

Échelles ou demi-pieds de proportion faits pour tracer les vêtemens d'enfans, en grand et pour plusieurs tailles ; ces demi-pieds font suite à l'échelle de proportion planche 31, figure 33, et sont une continuité des pouces progressifs contenus dans cette échelle.

Rappelons maintenant à nos lecteurs que nous leur avons donné la table des mesures d'habillemens d'hommes et de femmes; que ces mesures nous ont servi pour tracer géométriquement toutes espèces de vêtemens faits pour un homme de cinq pieds quatre pouces et une femme de cinq pieds;

7

qu'en réduisant le pied de toise à l'échelle de proportion, et en prenant alors pour base les modèles proposés, nous avons trouvé le moyen d'avoir des mesures ou échelles proportionnées pour plusieurs tailles ; et que la table des mesures, faite d'abord pour une seule personne, peut servir pour toutes les tailles.

Comme, dans l'habillement, la mode est le premier guide, et que les dimensions des vêtemens sont sujettes à plusieurs changemens, nous proposons, pour suivre constamment la progression des modes, de mettre à côté des gravures de mode les dessins (ou patrons) de la forme de l'habillement que la gravure représente. Ce nouveau modèle de gravures serait d'une grande utilité pour bien des personnes (*Voyez* les planches 35 et 36) : par exemple, soit que les dimensions que nous avons établies ne soient pas exactes, soit que les modes changent, les divers changemens à faire seraient toujours indiqués par les gravures de modes.

FIN.

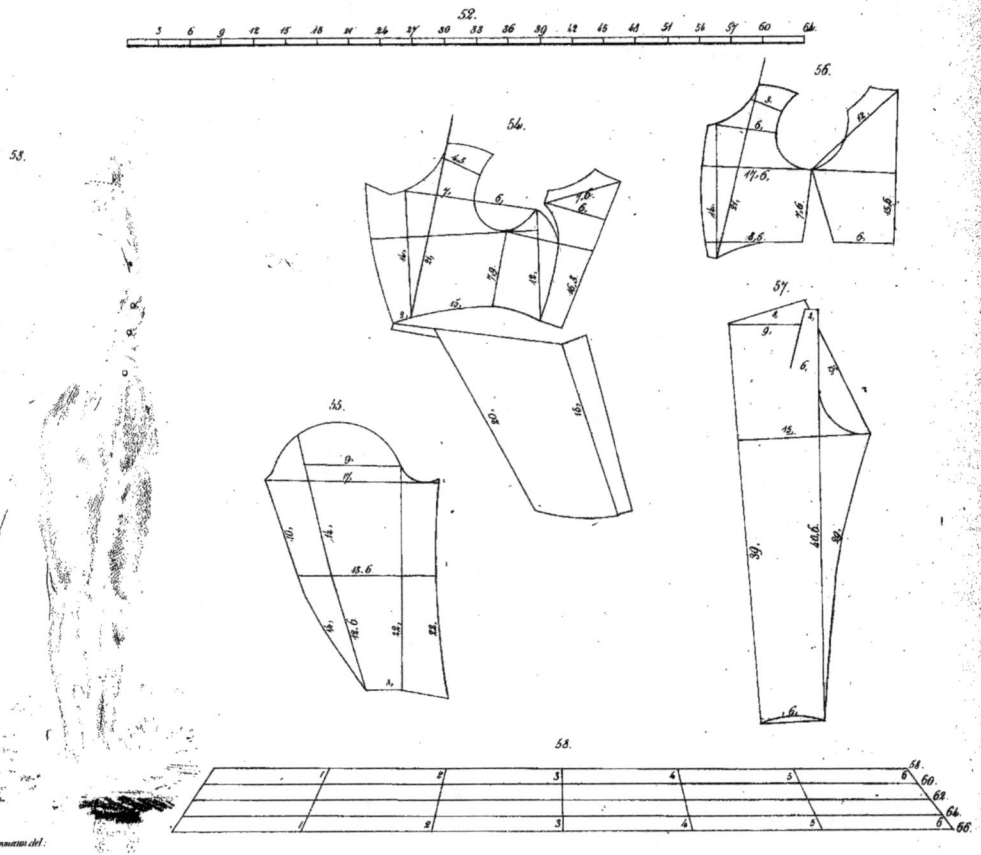

Modèle de la planche des gravures de mode,
Faite pour appliquer la géométrie à la coupe de l'habillement d'homme;
Et pour suivre la progression des modes.

(Figure 52.) Echelle de proportion de 5 pieds 4 pouces, réduite à 5 pouces 4 lignes.
(Figure 53.) Modèle d'une taille de 5 pieds 4 pouces servant de base de proportion pour la coupe de l'habillement.
(Figure 54.) Corsage d'un habit coupé sur la hanche. (Figure 55.) Manche à la Mameluck.
(Figure 56.) Gilet droit. (Figure 57.) Pantalon à petit pont et froncé sur la hanche.
(Figure 58.) Demi-pieds de proportion, faits pour tracer en grand et pour plusieurs tailles les vêtemens inscrits sur cette planche, la longueur des mesures est indiquée à côté des lignes qui forment les dessins.

Imp. lith. de Pinçot et Lui Javoix, passage du panoram...

Modèle de la planche des gravures de mode,
Faite pour appliquer la géométrie à la coupe des vêtemens de dames,
Et pour suivre la progression des modes.

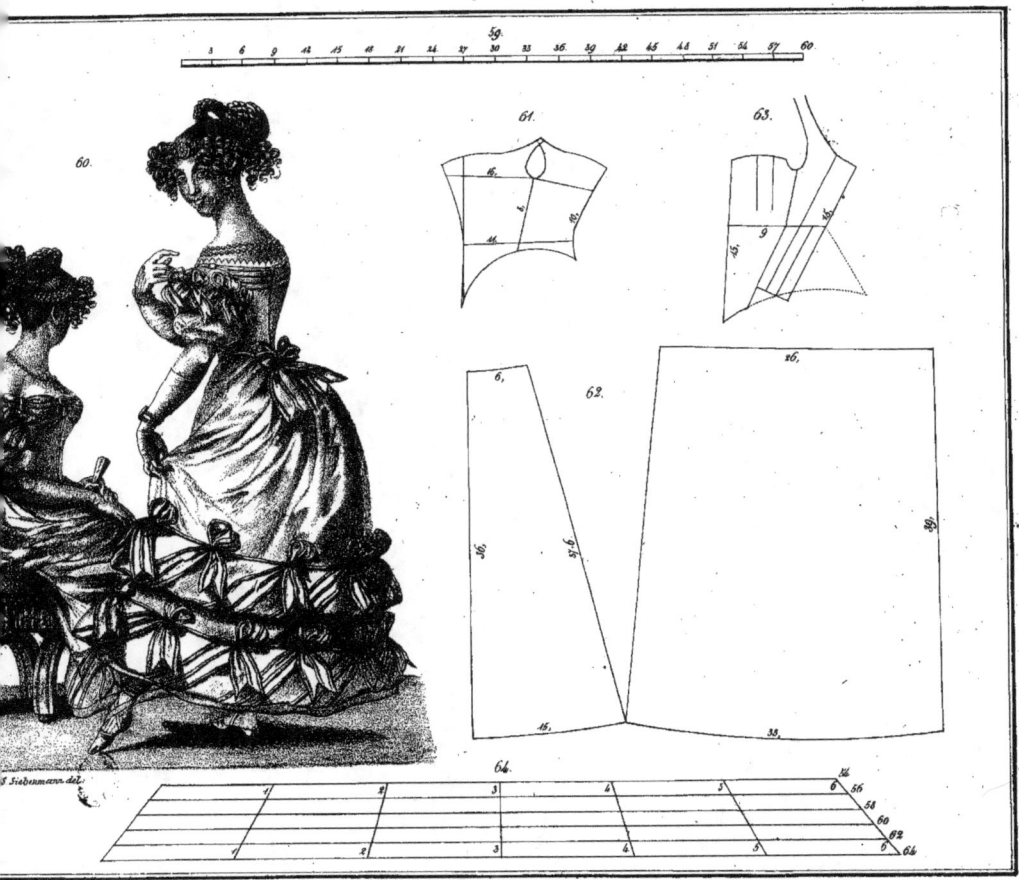

(Figure 59.) Echelle de proportion de 5 pieds réduite à 5 pouces.
(Figure 60.) Modèle d'une taille de 5 pieds.
(Figure 61.) Modèle d'un Corsage de robe.
(Figure 62.) Modèle de jupe.
(Figure 63.) Modèle de corset.
(Figure 64.) Demi-pieds de proportion, faits pour tracer les vêtemens de dames en grand et pour plusieurs tailles; la longueur des mesures est indiquée à côté des lignes qui forment les dessins.

Imp.lith. de Engel et Esthoise, passage du panorama.

www.ingramcontent.com/pod-product-compliance
Lightning Source LLC
Chambersburg PA
CBHW071555220526
45469CB00003B/1027